青春文庫

# 真田丸の顛末　信繁の武士道

中江克己

JN168109

青春出版社

# はじめに

大坂城《おおさかじょう》の南側、総構《そうがま》えから突き出すようにして築かれた「真田丸《さなだまる》」は徳川《とくがわ》の軍勢をおどろかせた。

真田信繁《さなだのぶしげ》が義《ぎ》を貫《つらぬ》かんとして大坂城に馳《は》せ参《さん》じ、大坂の陣《じん》に備えて築いた出城《でじろ》である。形は半円形とされるが、方形に近い、とする説もある。広さにしても、百間《けん》四方（約百八十平方メートル）とか、南北百二十三間（約二百二十二メートル）×東西七十九間（約百四十二メートル）などの説があり、定かではない。

前面に大きな水堀《みずぼり》があり、その左右は空堀《からぼり》で囲まれていた。しかも土手《どて》には逆茂木《さかもぎ》を設け、さらに外側には柵列《さくれつ》をつくった。攻撃しにくい構造になっていたのである。真田丸は、このように敵の攻撃を防ぐ防御拠点だが、両脇に土橋《どばし》を架け、出撃拠点としても使いやすいという造りになっていた。

この真田丸には五千とも六千ともいわれる兵が入り、機《き》を見ては三百とか五百とかが外に打って出て戦いを仕掛け、徳川軍を翻弄《ほんろう》した。戦闘は各地で散発的に起きたが、信繁の働きによって、徳川軍の兵が一日で千人も討死《うちじに》したということもある。

信繁の見事な采配《さいはい》と戦いぶりは、家康《いえやす》を震え上がらせたほどだった。

大坂冬の陣が勃発《ぼっぱつ》したのは、慶長十九年（一六一四）十一月十九日だが、十二月二十二日には和睦《わぼく》が成立。ところが、翌年四月二十六日、夏の陣がはじまり、五月八日には、大坂城が落城してしまうのだ。戦いの期間は短い。それでも信繁にとっては、生涯を凝縮したような戦いの日々だった。

信繁は落ち延びようと思えば、その機会はあった。しかし、信繁は義に生きる武将であった。豊臣《とよとみ》家とともに最後まで戦い続けたのである。信繁にとっては十四年間という長い蟄居《ちっきょ》生活に終止符を打ち、自分らしく武士として有終《ゆうしゅう》の美《び》を飾ることができたのだ。

しかも、戦場では家康をあわや討死か、というところまで追い詰めたのだから、信繁の思いは十分に晴れたことだろう。

本書は、大坂の陣で重要なカギを握る真田丸と、その顚末《てんまつ》に焦点を当てて書き進めた。むろん、なぜ「真田三代は知略《ちりゃく》の家」といわれたのかについても書いたし、信繁が人質生活のなかで身につけた義を貫く生き方にも触れた。

豊臣恩顧《おんこ》の大名たちは、大坂の陣が近づくにつれて徳川家康になびいた。「勝馬《かちうま》に乗る」というのは、ついやってしまいがちだが、信繁はやらなかった。信繁はあくまでも義を貫こうとしたが、義とは人間が行なう筋道のことであり、それを踏み外さないように生きた。そうした生きる姿勢が、そのまま信繁の武士道《ぶしどう》となった。
大坂の陣は戦国時代の幕引きをしたが、信繁はその戦場を奔《はし》り、義に散った。当時から多くの人びとがその潔《いさぎよ》さに喝采《かっさい》している。真田信繁の生き様を味わっていただきたい。

平成二十七年十月四日

中江克己

真田丸の顚末 信繁の武士道◆目次

## 第三章 家康の企みと信繁の決断 77

第五章 真田丸の攻防 145



第六章 信繁、夏の陣へ 169

カバーイラスト／原田維夫
DTP／ハッシィ

# 第一章　徳川軍に挑む真田軍

## 真田三代は知略の家

大坂冬《ふゆ》の陣《じん》で大坂城に出城《でじろ》として「真田丸《さなだまる》」を築き、押し寄せる徳川《とくがわ》の大軍を相手に奮戦した真田信繁《さなだのぶしげ》。徳川家康《いえやす》は、信繁の戦いぶりに衝撃を受け、味方に引き込む工作をしたほどだった。

戦場にたなびく真田の旗印《はたじるし》「六連銭《むつれんせん》」と「赤備え《あかぞなえ》」は、敵を震え上がらせたが、それは信繁の獅子奮迅《ししふんじん》の戦いぶりが知れ渡っていたからだ。しかし、真田の勇名《ゆうめい》は、信繁ひとりがつくり出したものではない。

調略《ちょうりゃく》の名手といわれた祖父の幸隆《ゆきたか》、上田《うえだ》城の戦いで徳川軍を翻弄《ほんろう》した父の昌幸《まさゆき》、江戸時代を通じて真田家の家名を継いだ兄の信之《のぶゆき》、そして大坂の陣で勇名を轟《とどろ》かせた信繁と、それぞれが知略をもって戦い抜いた結果だった。

信繁は、祖父幸隆、父昌幸の才知と勇気を受け継ぎ、大きな影響を受けながら育った。信繁がすぐれた戦国武将として名をあげることができたのも、この二人がいたからである。

のちに詳しく述べるが、越後《えちご》の人質時代、上杉景勝《うえすぎかげかつ》、軍師として景勝を支えた直《なお》江兼続《えかねつぐ》にも影響を受けた。信繁はさまざまな武将から学び、武将として成長していった。

真田家の先祖をたどると、信濃国《しなののくに》小県郡《ちいさがたぐん》海野荘《うんのしょう》（長野県東御市《とうみし》）に本拠を持つ海野家の庶流《しょりゅう》とされる。信濃には多くの小豪族がいたが、とくに信濃東部（小県郡、佐久郡）では海野、望月《もちづき》、禰津《ねづ》の三家が知られていた。

真田家は、海野棟綱《むねつな》の子が真田郷（上田市真田町）のあたりに土着し、地名を姓にしたという。峻険《しゅんけん》な山々にかこまれた土地であり、北には越後の上杉、南は甲斐《かい》の武田《たけだ》という大勢力にはさまれていた。いつ、その勢力が迫ってくるかわからない。それだけに周辺の形勢に目配りしておく必要があるし、なにかが起きたときには素早く的確な判断をし、行動する、ということが重要だった。

もし、判断を誤ると、一挙につぶされかねない。とくに小豪族は、細心の注意を払い、たくみな世渡りをしなければ、生き延びることはむずかしい、という時代だったのである。

いいかえれば、弱小勢力が領国を奪い合うなど、版図《はんと》を広げることにしのぎをけずっていた。それは、真田家といえども同じである。

真田三代――幸隆、昌幸、信繁と、百年におよぶ歳月を費やして、地盤を築き、名声を得てきたのである。「真田三代は知略の家である」と。

しかし、小豪族が大名へとのしあがるには、有力な武将に臣従《しんじゅう》し、後ろ楯《だて》になってもらう必要があった。そのあいだに主君の戦略などを学び、実際に合戦に出て力をつけ、戦功をあげていく。それが認められて重臣に取り立てられたり、領土を拡大していくことが可能だった。

とはいえ戦国乱世だけに、情況が流動的で急変することもある。生き残るためには情況をよく見きわめ、ときには主君を変えることも必要になる。

真田家をみても、幸隆は天文十五年（一五四六）、武田信玄《しんげん》に臣従した。しかし、昌幸の代になると、天正十年（一五八二）、武田家が滅亡したため、織田信長《おだのぶなが》に臣従した。ところが、信長が同じ年、本能寺《ほんのうじ》の変で横死《おうし》、昌幸は北条氏直《ほうじょううじなお》に臣従することになった。

この年は、それで落ち着くかと思われたが、昌幸は北条を離れ、徳川家康に臣従する。だが、それも束の間、昌幸は天正十二年（一五八四）には、上杉景勝へ寝返ったのだ。さらに翌天正十三年（一五八五）、昌幸は豊臣秀吉《とよとみひでよし》に臣従した。

たいへんだったのは信繁である。景勝の人質として越後へ赴《おもむ》いたのに、こんどは秀吉の人質として大坂へ赴かなければならなかった。

その後、慶長三年（一五九八）、秀吉が伏見城《ふしみ》で死ぬ。昌幸は、やむなく家康へ臣従する。このように、めまぐるしく移り変わった。

## 幸隆、真田家の基礎を築く

幸隆は永正十年（一五一三）生まれだが、真田郷の小豪族から身を起こし、やがて「真田三代」の初代として、その名をとどろかせた知謀《ちぼう》の雄《ゆう》だった。逆にいえば、信繁の活躍があったがゆえに、幸隆は真田家の基礎を築いた人物として知られるようになった、ともいえる。

しかし、時代は乱世である。いつ、どこから他の勢力に侵略されるかわからない、という脅威にさらされていた。そうしたなかで、海野一族はたがいに連携をとりながら信濃東部の支配地を守りつづけた。

真田郷の南西に戸石《とい し》城（長野県上田市上野伊勢山）があり、その東側に神川《かんがわ》の流れがある。幸隆の父頼昌《よりまさ》が築城したともいわれるが、幸隆はこの城を本拠にしていた。

やがて天文十年（一五四一）五月、海野平《うんのたいら》の戦いがはじまる。勢力を広げつつあった信濃北部の村上義清《むらかみよしきよ》、武田信虎《のぶとら》、諏訪《すわ》地方を支配する諏訪頼重《よりしげ》が連合軍を組み、海野打倒をめざして侵攻してきたのだ。

大軍を前に海野軍は大敗。主家の海野幸義《ゆきよし》が討死したほか、一族は諸国に逃れた。真田幸隆も参戦したが、戸石城を追われ、関東管領上杉憲政《かんとうかんれいうえすぎのりまさ》を頼って上野《こうずけ》（群馬県）へ亡命。上杉家の重臣で箕輪《みのわ》城（群馬県高崎市）主長野業正《ながのなりまさ》のもとに身を寄せた。

武田信虎が嫡男の信玄（晴信《はるのぶ》）によって、女婿の今川義元《いまがわよしもと》のもとへ追放されたのは、この年の六月十四日のことである。信玄は、翌天文十一年（一五四二）七月、同盟者だった諏訪頼重を自刃《じじん》に追い込む。幸隆を取りまく形勢は、めまぐるしく変化していく。

その後、上杉憲政の勢力が衰えたこともあって、幸隆は「上杉についていたのでは本領の回復ができない」と判断。天文十五年（一五四六）、武田信玄に臣従することにした。「機《き》を見るに敏《びん》」というか、そうした幸隆の判断力はすぐれていた。

幸隆は、さらに天文二十年（一五五一）五月、戸石城を攻め、調略によって城を取り返したのである。しばらく戸石城を本城とした。

力をつけつつあった武田信玄は天文二十二年（一五五三）四月、北信州で一時代を築いた村上義清の本拠の葛尾《かつらお》城（長野県坂城《さかき》町）を攻め落とした。義清が上杉謙信《けんしん》のもとに逃れ、救援を求めたが、八月には信玄と謙信が川中島《かわなかじま》の布施《ふせ》（長野市）で衝突。これが第一回の川中島の戦いとなった。

村上義清は真田幸隆にとっても宿敵だったから、義清が信玄に追放された結果、本領を回復することができたのである。

永禄四年（一五六一）、幸隆は第四次川中島の戦いに武田軍として活躍している。ついで、武田軍による上野侵攻の先兵として岩下《いわした》城（群馬県東吾妻《あがつま》町）、岩櫃《いわびつ》城（東吾妻町）、倉賀野《くらがの》城（群馬県高崎市）、嶽山《たけやま》城（中之条町）、箕輪城、白井《しらい》城（群馬県渋川市）などの攻略で腕を振るった。

だが、幸隆は天正二年（一五七四）、六十二歳で病死した。

## 調略で戦国乱世を生き抜いた昌幸

真田家は、信濃真田郷の真田山城（長野県上田市）、戸石城（上田市）を本城としてきたが、真田昌幸は天正十一年（一五八三）、新たに上田城（上田市）の築城に着手した。

すでに時代は戦国末期である。これまでのように山城をかまえ、小競合いを繰り返して城を落とす、という戦術は、もはや古くなりつつあった。

むしろ、相手の軍勢を平地に誘い出し、大きな軍勢を動かしながら戦いを展開するようになっていた。そうなると、山城では使い勝手が悪い。そこで千曲川《ちくま》の近く、尼ヶ淵《あまがふち》の断崖をうまく使い、堅固な平城を築いた。これが上田城である。

平城といっても、近くを流れる千曲川、矢出沢《やでさわ》川、神川の水を堰き止めて、周囲に堀をめぐらせるなど、外敵への防御に万全を期した。

昌幸は天文十六年（一五四七）、幸隆の三男として生まれたから、この年、三十七歳。真田家の当主として、重い責任を担っていた。

しかし、生まれてまもなくの天文二十二年（一五五三）、七歳のとき、人質として甲府（山梨県甲府市）へ赴いている。父の幸隆は、天正二年に病死するまで武田の部将として働きつづけた。

当時は、そのように実力ある部将とはいえ、新規召抱《めしかか》えの場合、人質を出して忠誠を誓うのが当然とされていたのである。昌幸は、人質になったが、「囚《とら》われ人」というわけではなく、能力次第で武田家の一員として働くことができたし、戦功によっては出世も可能だった。

もともと昌幸は、知謀の才を秘めていたのだろう。昌幸は信玄の身のまわりを世話する「奥近習《おくきんじゅう》」となった。むろん、この役は将来の武田家を支えていく重臣になるための特別訓練生である。だから信玄から具体的な戦術や戦略を学ぶ機会が多い。昌幸は、そうした訓練を受けながら、才能を磨いていった。

昌幸の初陣は永禄四年（一五六一）九月十日、第四回川中島の戦いである。武田方の死者四千五百人、負傷者一万三千人、相手の上杉方は死者三千四百人、負傷者九千四百人をかぞえ、川中島の戦いでは最大の激戦となった。昌幸は、十五歳で激しい合戦を経験したわけだ。

その後、昌幸には永禄九年（一五六六）、長男の信幸《のぶゆき》（信之）が誕生し、翌永禄十年（一五六七）には次男の信繁が生まれている。武将としてはむろんだが、真田家の当主としても実力をつけつつあったし、磐石《ばんじゃく》な基礎を築いていたのである。

武田方の一員として多くの戦いに加わったが、元亀三年（一五七二）十二月二十二日、武田信玄と徳川家康とが衝突した三方ヶ原《みかたがはら》の戦いでは、信玄は兵力と時間を要する城攻めをやめ、浜松城《はままつ》（静岡県浜松市）の家康を三方ヶ原（浜松市）へ誘い込んだ。この作戦は功を奏し、家康は完敗し、浜松城へ逃げ帰った。

ところが、翌元亀四年（一五七三）四月十二日、信玄は信濃の駒場《こまば》（長野県阿智村）で病死、勝頼《かつより》が家督を継ぐ。

真田家では天正二年（一五七四）、父の幸隆が病死。さらに翌天正三年（一五七五）、長篠《ながしの》の戦いに参加したが、兄の信綱《のぶつな》、昌輝《まさてる》が討死、三男の昌幸が家督を継いだ。昌幸はその後、武田の部将として腕を振う一方、真田家の棟梁《とうりょう》としても謀将《ぼうしょう》としての能力を発揮していった。

天正七年（一五七九）には厩橋城《まやばし》（前橋城。群馬県前橋市）、名胡桃城《なぐるみ》（群馬県利根郡月夜野町）などを調略し、翌天正八年（一五八〇）に沼田城《ぬまた》（群馬県沼田市）を戦わずに落としている。

攻略にあたって、昌幸は城将に恩賞をあたえるとして内応《ないおう》を勧める。さらに周辺の北条《ほうじょう》方の諸城には、軍勢で囲みながら降伏を迫まっていく。こうして沼田城は無血開城に成功したが、謀将にふさわしい働きぶりだった。

しかし、いくら昌幸が活躍しても武田家の未来は暗い。

天正十年（一五八二）三月十一日、武田勝頼が織田信長の部将滝川一益《たきがわかずます》の軍勢に攻められて敗北。逃避行の末、天目山《てんもくさん》麓の山梨郡田野《たの》（山梨県大和村）で自刃した。武田家は、こうして滅亡したのである。

昌幸はそれ以前、勝頼にたいして、危機を避けるために岩櫃城（群馬県吾妻町）に避難し、再興を期すべきだ、と勧めていた。勝頼はその気になったものの、結局

## 真田家を囲む勢力図①（武田家滅亡前、天正９年（1581）ごろ）

真田家は武田家に臣従していたが、その武田家は滅亡寸前だった。真田家の領地である上田は、上杉家、北条家に接していて不安定だった。昌幸は知謀をめぐらせ、生き残りを図る。

は滅亡してしまった。

武田家とともに信濃、上野と戦いつづけた昌幸だが、武田家が滅びてはどうするのか。そのように心配するものもいたが、謀将といわれただけに、巧みに戦国の世を泳いでいく。

昌幸は、武州鉢形《ぶしゅうはちがた》城（埼玉県寄居町鉢形）主北条氏邦《うじくに》から誘われたが、それを断わり、織田信長に臣従することにしたのだ。その証《あかし》として、昌幸は信長に馬を贈っている。

## 信繁の誕生と両親の影響

真田信繁は永禄十年（一五六七）、昌幸の次男として生まれた。幼名を弁丸《べんまる》といい、元服後は源次郎《げんじろう》と称した。実名を信繁という。しかし、これまで「真田幸村《ゆきむら》」の名で広く知られ、親しまれてきた。とくに猿飛佐助《さるとびさすけ》や霧隠才蔵《きりがくれさいぞう》ら「真田十勇士」の物語に楽しんだ読者もいるだろう。これは「立川文庫」の創作である。

物語そのものは、信繁が活躍した大坂の陣を中心に真田三代（昌幸、信繁、大《だい》助《すけ》）の興亡を描いた講談『真田三代記』をもとに創作され、大正から昭和にかけて大きな人気を集めた。

一番の人気者は猿飛佐助で、甲賀《こうが》流の忍術使いである。変幻自在に活躍する姿に、思わず引き込まれた人は多いだろう。架空の人物にはちがいないが、真田の家臣団には忍術など異能を持った人びとがいた、と考えられている。

真田信繁は知謀の武将として知られるが、物語を貫く主と十勇士の絆《きずな》の強さは、信繁の統率力や仲間を思いやる気持ちなどを反映している、といえなくもない。

それはともかく、「幸村」の名は自筆の書状はむろん、生前の史料にも使われていない。「幸村」という名の初出は、寛文十二年（一六七二）成立の『難波戦記《なにわせんき》』である。これがよく売れたため、「幸村」の名が広く知れ渡った。

なぜ、「幸村」としたのか、については、真田家の通字である「幸」と、彼の姉である「村松殿」の「村」を組み合わせたという異説もある。しかし、若いころは、もっぱら「弁丸」と呼ばれることが多かったようだ。祖父幸隆、父昌幸、兄信幸（のち信之）と、いずれも「幸」の字が含まれている。

信繁が生まれたころ、父の昌幸は武田家に仕えており、信玄にその才能を高く評価され、重臣に加えられていた。したがって、信繁が生まれたのは信州上田（長野県上田市）でなく、甲斐甲府（山梨県甲府市）である。兄の信幸も同じだった。

母は山之手殿《やまのてどの》といい、京都の公家菊亭晴季《きくていはるすえ》の娘、と伝えられる。菊亭という姓は、閑院宮《かんいんのみや》の分流、今出川《いまでがわ》家のことである。菊花が好きで、よく栽培していたことから、人びとは京の屋敷を「菊亭」というようになり、やがて晴季の代になって「菊亭晴季」と名乗るようになった。相当変わった人物だったようだ。

山之手殿はその後、武田信玄の養女になり、昌幸に嫁いだわけである。この山之手殿という名も、のちに信繁の兄信之が元和八年（一六二二）、上田九万五千石から十三万五千石で松代《まつしろ》藩（長野市）に入封《にゅうほう》したとき、母も同行、松代で呼ばれた名だという。

ところで、信繁の幼少期、少年期はどのようだったのだろうか。興味深いが、それを伝える史料はない。

信繁が歴史に登場するのは天正十三年（一五八五）、越後の上杉景勝に人質として送られたときのことである。信繁はこのとき、十八歳になっていた。

それまで信繁は、知謀にすぐれた父の昌幸、京の教養豊かな母の山之手殿に影響を受け、育っていった。のちのことだが、信繁は慶長五年（一六〇〇）、関ヶ原の戦いで西軍に属して敗北、高野山《こうやさん》麓の九度山《くどやま》村（和歌山県伊都郡九度山町）に蟄居《ちっきょ》を命じられている。蟄居は十四年間におよんだが、信繁は連歌《れんが》にいそしんだ。これも母の影響であろう。

## 武田家の人質となった嫡男信之

真田家の嫡男信之（信幸）は永禄九年（一五六六）、昌幸の子として生まれた。母は山之手殿だから、弟の信繁と同じ父母である。名は当初、信幸としていたが、慶長五年（一六〇〇）、関ヶ原の戦い後、「信之」と改めている。

信之が生まれたころ、真田家は武田家に臣従しており、父の昌幸は信玄の側近として働いていた。そのため、信之は幼いころ、武田家の人質として過ごしたが、詳しいことはわかっていない。しかし、信之が人質だったとはいえ、父が信玄の側近だったから、それなりに厚遇されていたようだ。

信玄は元亀四年（一五七三）に病死したが、信玄のあとを継いだ勝頼《かつより》の代になっても、真田家との関係に変わりがなかった。天正七年（一五七九）、勝頼の嫡男信勝《かつ》が元服したとき、信之も同時に元服している。十四歳のときのことだった。勝頼の嫡男信《のぶ》

じつはそのころ、父の真田昌幸は、沼田城（群馬県沼田市）をめぐって徳川家康と対立していた。沼田城は北条方の藤田信吉《ふじたのぶよし》が守っていたのだが、昌幸は天正八年（一五八〇）六月三十日、攻略することに成功。昌幸は沼田城を本拠として北条家と対峙《たいじ》することになったのである。

翌天正九年（一五八一）、武田勝頼は、本拠を躑躅ケ崎館《つつじがさきやかた》（山梨県甲府市）から、新たに築いた新府城《しんぷ》（山梨県韮崎市《にらさき》）へ移した。昌幸は、新府城の築城工事で普請《ふしん》奉行《ぶぎょう》として腕をふるっている。

昌幸は、このとき三十五歳。領内の諸将に人数を割り当てたが、それは家十軒から人足一人を出し、三十日間働くというものだった。

ところが、翌天正十年（一五八二）一月、勝頼の義弟である福島《ふくしま》城（長野県木曾《きそ》福島町）の木曾義昌《よしまさ》、伯父で駿河江尻《するがえじり》城（静岡県清水市）の穴山梅雪《あなやまばいせつ》（信君《のぶきみ》）の二人が背《そむ》き、勝頼は窮地に追い込まれた。もっとも梅雪はのちに家康に投降し、先導役をつとめた。

その後、三月十一日、勝頼は織田信長の嫡男信忠《のぶただ》に攻められ、やむなく新府城に火をかけて逃亡。しかし、織田勢の追撃を受け、天目山《てんもくざん》麓の田野《たの》（山梨県大和村）で一族とともに自害した。こうして武田家は滅亡したのである。

信之はこの結果、真田の上田城（長野県上田市）に戻ることができた。父の昌幸は三十六歳だったが、勝頼を支えて戦ってきただけに、勝頼の訃報《ふほう》に慟哭《どうこく》したと伝えられる。

しかし、昌幸は冷静だった。すぐに気持ちを切り替えると、勝頼を倒した織田信長へ臣従した。それも束の間、六月二日、信長は本能寺に宿泊中、明智光秀《あけちみつひで》に急襲され四十九歳で没する。二条御所にこもった信忠《のぶただ》も明智勢の猛攻に耐えられず、自害して果てた。二十六歳だった。

信長亡きあと、支配者のいなくなった武田家旧領（甲斐、信濃、上野）をわがものにしようとして、越後（新潟県）の上杉景勝、駿河（静岡県）の徳川家康、相模

（神奈川県）の北条氏直《うじなお》らが奪いあいをはじめたのだ。これを「天正壬午《てんしょうじんご》の乱」という。

家康は八月十日、無主となった甲斐（山梨県）を支配しようと、新府（韮崎市）に着陣。そうした動きを察した北条氏直は、軍勢をひきいて若神子《わかみこ》（山梨県須玉町）に布陣し、両軍のにらみ合いは八十日間におよんだ。

その後、やっと話し合いが行なわれ、支配権については、徳川家が甲斐と南信濃、北条家が上野を領有することで和議《わぎ》がまとまった。さらに翌天正十一年（一五八三）には、家康の次女督姫《とくひめ》と氏直が結婚し、両家が同盟したのである。督姫は十九歳、氏直は二十二歳であった。

真田昌幸は、機を見るに敏というか、武田家が滅亡したのちは織田信長につき、信長が本能寺《ほんのうじ》で斃《たお》れたあとは、北条氏政、氏直父子に、そして九月には家康に臣従するなど、半年のあいだに主君を三度も変えている。情勢がめまぐるしく流動化していたから、それもやむをえないことだった。

信之も父昌幸にしたがい、行動を共にした。信之には父思い、弟思いのところがあって、つねに真田家を守りたいと思い、どうしたら存続させることができるのか、を考えていたようだ。

## 主家を替える昌幸は卑怯者か

信長が死去したあと、羽柴《はしば》（豊臣）秀吉は六月十三日、明智光秀を山崎《やまざき》（京都府大山崎町）で撃破した。当時、家康は勢力を広げつつあったが、しかし、秀吉は清《きよ》洲会議《すかいぎ》で信長の後継者として三法師《さんぼうし》（信長の嫡孫）をかつぎ出し、主宰権《しゅさいけん》を握った。こうして秀吉が優位に立っただけに、家康には北条家と争っている余裕はない。

そこで家康は、北条氏直との争いに終止符を打ち、和睦《わぼく》する道を選んだのである。天正十年（一五八二）十月二十九日に和議が成立、先に述べたように武田家旧領の支配権を取り決めたが、もう一つ「上野（群馬県）の沼田と吾妻を北条に引き渡す」という条件があった。

真田家にとって、この沼田と吾妻の二郡は、昌幸と嫡男信之だけでなく、昌幸の父幸隆、いまは亡き、兄の信綱、昌輝らの尽力によって領土として保有することができたのだ。それを家康は勝手に決め、「沼田と吾妻を北条氏直に渡せ」といってきたのである。

昌幸は、素直に聞き入れることができない。家康は使者を派遣して説得したが、昌幸は断固拒否、家康と断交する腹を決めた。

ところで、家康が北条家と同盟を結んだのは、豊臣秀吉に対抗するためだった。その結びつきを強くするため、家康は真田昌幸にたいして、苦心して手に入れた上野の領地を「北条家に返せ」と要請してきたのである。

昌幸はそれに反発し、七日には家康から離れ、上杉景勝と手を結んだ。

しかし、のちに秀吉は、昌幸を評して「表裏《ひょうり》比興《ひきょう》の者」といった。外面と内心とが異なり、裏切る者を「表裏者」という。それと同じで信用できない、というのだ。「比興の者」は「卑怯者」のことだが、当時、小豪族が生き残っていくためには虚々実々、さまざまな戦術を駆使することが重要だった。あながち昌幸が卑怯者だったとはいえない。

しかし、いくら戦国の世とはいえ、それほどめまぐるしく主家を替えるのでは、どこまで信用してよいものか、わからないと疑いを招きかねない。

そこで昌幸は、上杉家に忠誠を誓う意思を表すため、次男の信繁を差し出したのである。上杉景勝は、かねてから信濃平定をねらっていただけに、昌幸からの申し出に快く応じた。

もともと真田家と上杉家とは敵対関係にあった。だが、人質として越後の上杉家に送られた信繁の存在が、それを解消したばかりか、むしろ両家を結びつける絆《きずな》となった。

## 信繁は越後上杉家の人質に

信繁は天正十三年（一五八五）六月、越後の上杉家の人質となった。先に述べたように、父昌幸が上杉景勝に臣従したためである。

人質時代の信繁について詳しいことは伝えられていないが、信繁はまだ幼名の弁丸を名乗っていた。

昌幸が信繁を人質として差し出すとき、「弁丸」と記したほか、上杉家の海津城《かいづ》（長野県松代町）代、須田満親《すだみちちか》の書状には、

「今度御証人として御幼若の方越し申し、痛み入り存じ候」

とある。「御証人」は「人質」のことだし、「幼若」は「元服前の若（少年）」の意である。信繁はその後、まもなく元服した。

一方、上杉景勝は、かねてから信濃平定をねらっていただけに、昌幸からの申し出に快く応じた。それればかりか、景勝は、信繁を実質的な家臣として扱い、一千貫

（約五千石）の田地を領地として与えている。だから人質とはいえ、信繁には深刻なことはなにもなかった。

当初は上田に近い海津城に入れられたが、まもなく上杉家の本城である春日山城《かすがやま》（新潟県上越市）に移され、ここで過ごした。信繁は人質時代、上杉景勝と直江兼続の影響を受けながら、器の大きな人間に成長していった。

直江兼続は上杉景勝を支え、越後統一に尽力した軍師である。春日山城で上杉家の家中を切り盛りしていた。兼継が手本としたのは、いまは亡き上杉謙信の「義《ぎ》」を重んじ、義のために戦い続けた生きざまであった。当時、私欲で動く武将が多いなかで、珍しい存在である。

謙信の遺訓《いくん》はいろいろあるが、武士の働きについては「百姓が田畑を耕すのと同じこと」として、こう述べている。

「武士たる者は、ふだんは作法をよく守り、義理正しきことを上とする。戦場での働きのみで知行《ちぎょう》を多く与えたり、人の長としてはならない」

兼続もその影響を強く受けた一人で、謙信のいう「義理正しきこと」を守る生き方を貫いた。

上杉景勝は、のちに豊臣政権の五大老の一人になったがこれは兼続が景勝を支え、名参謀として腕を振るいつづけたからである。

信繁は、そうした上杉家が墨守《ぼくしゅ》する規範にふれ、多くを学んだ。ときには兼続の得意とする戦術や外交策などについても、教えてもらったのではないだろうか。

## 外敵から防御できる上田城を築く

昌幸が徳川家康に臣従したのは、天正十年（一五八二）九月からだが、翌天正十一年（一五八三）には、領地問題をめぐって断交。昌幸は、それまで信州真田郷の真田山城や戸石城（長野県上田市）を本城としていたが、家康と断交したのを機に、外敵から防御できる堅固な城ということで上田城（上田市）を築いた。

この年、信繁十七歳、兄の信之は十八歳である。

建設地は軍事上はむろん、交通上も重要なところだが、従来の山城とは異なる。上田盆地のほぼ真ん中で、千曲川《ちくま》の尼ケ淵河岸段丘《あまがふちかがんだんきゅう》の上である。河岸段丘というのは、川岸が河川の浸食によって形成された階段状の地形だ。山ではないが、高台になっているから眺望《ちょうぼう》がきく。

こうした地を選んだのは昌幸の炯眼《けいがん》による。

城の両側に千曲川の流れがあり、東南へ向かう。途中、神川が北方から千曲川へそそぐ。千曲川そのものも上田城の近くでは流れが幾筋にも分かれ、上田城のそばには尼ヶ淵と呼ばれる深いところもある。淵の名は、むかし、尼がここで身投げした、という伝説にちなむ。

さらに北国街道と上州街道とが交差する要衝だった。北国街道は北陸街道、中山道につながっているが、北陸街道をいけば春日山城（新潟県上越市）や上杉館（上越市）に通じる。上州街道は、昌幸が攻め落とした沼田城（群馬県沼田市）へ通じている要路だ。

昌幸は築城の才にも恵まれており、周辺の川を堰《せ》き止めて城内をめぐらせた。堰き止めた水を落として激流にする、という工夫もしている。

本丸のほか、二の丸、三の丸もあり、本丸には天守を築いた。さまざまな道が通じているから、敵の軍勢が攻めてきても、逆におびき寄せて攻撃するには都合のいい場所だった。

築城工事は二年かかり、天正十三年（一五八五）、上田城が完成している。

ところで、信繁が人質として越後の上杉家に送られてまもなく、天正十三年閏《うるう》八月二日、家康が上田城を狙ってくる、ということがあった。上田城は父の昌幸、兄の信之が守っている。

家康が上田城を攻撃しようとしたのは、昌幸が家康の要請を拒絶したからだった。先に述べたように、家康は北条氏直と同盟を結ぶために、昌幸に「沼田城（群馬県沼田市）と領地を北条家に返せ」といってきたのである。

家康にしてみれば昌幸は臣従しているのだから、すぐ応じると思い込んでいた。しかし、昌幸は拒みつづける。かつて沼田城は、城代の藤田信吉《ふじたのぶよし》が守っていた。昌幸は天正八年（一五八〇）六月、調略《ちょうりゃく》をくり返し、戦わずに落とした城である。

その後、城の帰属をめぐって、北条方と昌幸と対立していたのだが、そこに家康が介入してきたため、帰属問題は複雑になった。

家康が介入してきたのは、北条家に恩を売り、有利な条件で和睦するためであった。ところが、昌幸はこれを機に家康と離れ、上杉景勝と同盟し、家康に対抗しようとしたのである。

## 徳川軍を撃破した神川合戦

家康は、自分の要請に応じないばかりか、上杉家とひそかに同盟を結んだことに怒り、上田城攻撃の準備をはじめた。

天正十三年（一五八五）閏八月二日、家康の命を受けた鳥居元忠《とりいもとただ》、大久保忠世《おおくぼただよ》、平岩親吉《ひらいわちかよし》ら徳川家重臣を大将とする約七千の大軍が上田城をめざした。

これに対して真田軍は二千。しかし、昌幸には勝算があったから、あわてることもなく、悠然とかまえていた。上田城の二千のほか、周辺に矢沢砦《やざわとりで》、飯沼砦《いいぬま》、尾野山砦《おのやま》などを築き、将兵を配備し、徳川軍の隙をついて攻める手はずにしてあった。用意周到な備えである。昌幸は、徳川軍が川を越え、上田城に近づくのを待っていたといってよい。

川越えしたところで一戦を交え、すぐに引く。当然ながら、敵は追撃してくるはずだ。こうして引き入れたあとで叩く、というのが昌幸の作戦だった。当時としては、奇抜な計略である。

長男の信之には三百の兵をつけ、戸石城（長野県上田市）を守らせている。いざというときは、徳川軍の背後から攻撃するのだ。昌幸は、だからこそ悠然としていることができたのである。

「われらは、上田を誰よりも熟知している。大軍で攻めてくる敵の驕《おご》りや自負《じふ》には、必ずや油断があるはず。そこを衝けばよい」

昌幸は、そう読んでいた。

そうした昌幸の計略を知らずに、徳川軍は勢いづいて攻めてくる。

徳川軍が二の丸に迫ってきたとき、昌幸はやっと腰をあげ、一気に反撃に出た。

徳川軍は大軍をひきいていることを過信し、まさか真田軍が突如、反撃してくるなど、思ってもいなかった。

城内にひそんでいた真田の鉄砲隊は、徳川軍へ一斉射撃を浴びせる。つぎに大木や大石を頭上から落とすなど、あの手この手で徳川軍を翻弄《ほんろう》する。

さすがの徳川軍も、こうなっては勝ち目がない。やむなく退却すると、真田軍が追撃していく。徳川軍は甲斐や駿河からも多くの兵が参加しているだけに、一日で戦いの決着をつけようと思っていたのが、そうはいかなかった。戦意を失い、総崩れとなったのである。

戸石城からは、信之の部隊が側面から攻撃。上田城から追撃してきた軍勢とはさみ撃ちになる。神川には堰を設けていたが、徳川軍が神川にさしかかったとき、その堰を落とす。激流に呑み込まれ、多くの徳川兵が溺死した。この戦いで真田軍の死者は四十人だったが、徳川軍の死者は千三百人を超えたという。

## 真田家を囲む勢力図② 神川合戦
（第一次上田合戦、天正13年（1585）ごろ）

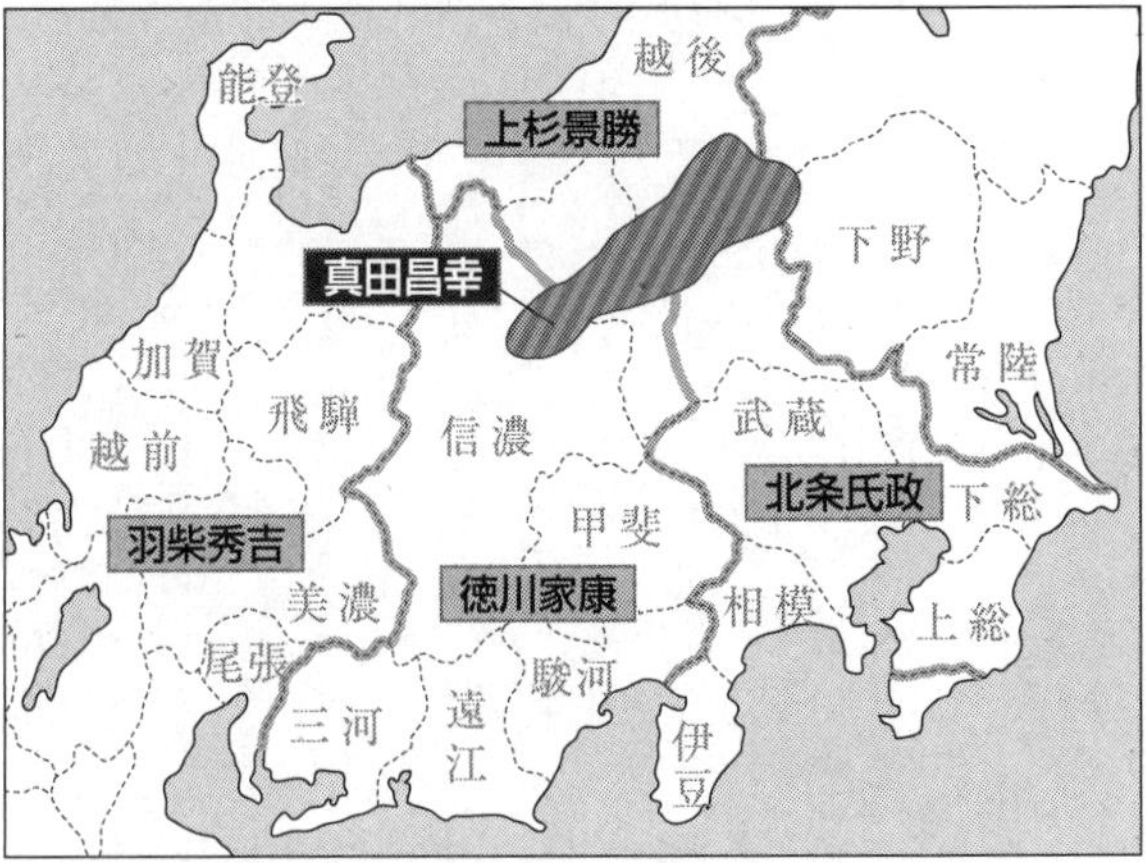


天正10年（1582）、武田家が滅亡し、信長が本能寺の変で倒れると、勢力図は大きく変わった。真田昌幸は北条家、ついで徳川家に臣従し、その後は秀吉に臣従。真田家は大名家となるが、信繁は秀吉の人質として大坂へ赴く。

真田昌幸の大勝利で終わったが、この戦いは「神川合戦」、あるいは「第一次上田合戦」と称する。知謀の将といわれる昌幸らしい采配《さいはい》ぶりだった。

真田の巧みな戦法に敗れた徳川勢だが、その三か月後の十一月十三日、家康の重臣石川数正《いしかわかずまさ》が妻子、一族を引き連れ、秀吉のもとに出奔《しゅっぽん》した。家康を見限ったわけだが、そこにはつぎのような事情があった。

前年、小牧《こまき》・長久手《ながくて》の

戦いで、家康は秀吉軍に圧勝し、和睦した。しかし、いつまた戦いになるかわからず、徳川領国では緊張感がつづいていた。数正は家康の使者として秀吉を訪れ、いくどか面談しているうちに秀吉にひかれていく。

家康家臣団のなかには、数正を快く思わず、冷たい目で見る者が多い。しだいに孤立し、やがて身の危険すら感じるようになった。そこで、やむなく秀吉のもとに出奔したのである。

ところで、神川合戦後の徳川軍だが、真田軍に敗北したとはいえ、真田への攻撃をあきらめたわけではない。実際に徳川軍は、真田方の丸子《まるこ》城を攻撃している。昌幸も兵をひきいて、それに対抗した。

徳川家はその後も佐久《さく》郡に布陣し、上田城の様子をうかがっていた。家康は、あきらめきれず、ふたたび大軍をもって上田城を攻めたいと思っていたのであろう。

しかし、十一月のことだが、突如として徳川軍は撤退していった。その背景には、秀吉の動きがあったようだ。石川数正のほかにも家康から秀吉へ寝返った者がいた。秀吉は巧妙に調略を進めていたのである。こうなると、家康としては真田攻めにかかわりあっている余裕はない。家康は秀吉と真剣に向き合う必要を感じ、兵を引き上げたのである。

## 信繁、大坂城の秀吉のもとへ

家康にしてみれば、まさか信頼していた石川数正が秀吉方に寝返るなど、思ってもみないことだった。衝撃は大きい。だから真田攻めをやめ、秀吉に対抗する態勢を整えようとしたのである。

昌幸は神川合戦で徳川軍を大破したものの、徳川の軍勢はいくらでも再起することができるから、油断は禁物だった。むしろ、有力者の傘下に入る必要がある。昌幸があたりを見まわしてみると、織田信長亡きいま、天下人の座にもっとも近いのは羽柴（豊臣）秀吉であることに気づいた。

昌幸は秀吉に、臣従を誓う書状を出した。当時の状況はまだ混沌としているから、秀吉としては「来る者は拒まず」で、これはと思う人物は受け入れていた。秀吉は十月十七日付で、昌幸に返書をしたためている。

「書状を拝見した。事情はわかったので、お前の身の上については引き受ける」

秀吉にとって家康はライバルだから、家康を見限って自分に臣従するとはありがたいことだった。

昌幸は、秀吉の傘下に入ることを決意すると、人質として上杉家に差し出していた次男の信繁を返してもらおうと思った。といって、正面から「返してほしい」といったところで、景勝が素直に返してくれるはずもない。

ところが、翌天正十四年（一五八六）五月、好機が訪れる。景勝が秀吉に謁見《えっけん》するため、大坂へ赴いたのである。昌幸は、景勝の留守をねらい、相手の了解を得ないまま信繁を引き取ったのである。引き取ったといえば聞こえはいいが、無断で取り返したのだ。

やがて昌幸は、信繁を大坂城に連れてゆき、秀吉に面会して信繁を人質に差し出し、臣下の礼をとった。秀吉は、自分を慕い、接近してきた真田父子を歓迎した。

じつをいうと秀吉と家康との関係は、天正十二年（一五八四）小牧・長久手の戦いのあと、十一月十五日に講和を結んでいた。しかし、戦いでは秀吉軍が大敗したため、秀吉はなんとかして家康を臣従させたい、むしろ家康に臣従の礼を取らせなければ、和議が完結したことにならない、と思っていたのである。

そこで、秀吉は妹の旭姫《あさひひめ》を家康の妻にしたり、母の大政所《おおまんどころ》を人質として岡崎城《おかざき》（愛知県岡崎市）へ送るなどして、家康を上洛《じょうらく》させようとした。

天正十四年（一五八六）十月二十七日、家康はついに折れる。諸大名がいならぶなか、大坂城表座敷上段の間にすわる秀吉の前で、家康は平伏《ひれふ》し、臣従を誓った。

このように秀吉と家康との対立が解消し、協力体制が実現したのである。

昌幸は家康から秀吉へ仕えたつもりだったのだが、家康が秀吉に臣従したため、これを機にふたたび家康の組下大名《くみしただいみょう》とされた。つまり、家康の配下になったわけだ。

## 小田原攻め、信繁の初陣

真田信繁の初陣《ういじん》は、天正十八年（一五九〇）三月、二十一歳のとき、秀吉の北条征伐に参加したことだった。むろん、父の昌幸、兄の信幸も加わっている。

これとは別に、天正十三年（一五八五）の神川合戦（第一次上田合戦）に初陣した、とする説もある。しかし、当時、昌幸が上杉景勝に臣従し、そのために信繁が人質として越後の上杉家に送られて、さほど日数がたっていないので、神川合戦に出陣することはむずかしい。北条征伐への参加が初陣というのは、妥当なところと考えられている。

北条征伐は小田原《おだわら》攻めともいい、小田原城（神奈川県小田原市）を本拠とする北条氏直を臣従させるためだった。

秀吉の天下統一は、あと一歩というところまで進んでいた。ところが諸大名が上洛し、秀吉への服従を誓ったのに、北条家は叔父の氏規《うじのり》が上洛しただけで、肝心の氏直は上洛していない。氏直は、秀吉を過小評価していたようだ。

秀吉は、なにかと反抗的な態度をとる氏直に手を焼いていた。

天正十四年（一五八六）十一月四日、秀吉と家康は京の聚楽第《じゅらくだい》で会談し、秀吉が発した「関東惣無事令《かんとうそうぶじれい》」を家康が北条氏政に伝達することになった。これは私戦を禁止し、紛争処理は豊臣政権に任せる、というものだった。

家康は、北条家を後ろ楯にして秀吉に対抗してきた。しかし、秀吉が圧倒的な力を持つにいたったため、家康は秀吉に臣従する立場をとるようになった。少し気長に好機を待つ腹を決めたのだ。

一方の北条家は、秀吉からの上洛命令を無視しつづけた。しかし、秀吉が再三、上洛を要請してくるので、北条氏直はもはや拒絶するのは無理だと悟《さと》った。秀吉も氏直に領土問題で協力することにした。

沼田城（群馬県沼田市）は、上杉景勝から安堵《あんど》された真田の領地である。徳川家康の軍勢が侵入してくることもあったが、秀吉は家康を臣従させたのと同時に、軍事行動を停止するよう働きかけた。しかし、領地の拡大をねらっていた昌幸にとっては、痛手が大きい。

領土問題については天正十七年（一五八九）七月、秀吉がつぎのように決着をつけようとした。
一、真田昌幸の上州（群馬県）の領土の三分の二と沼田城を北条家に譲渡すること。
二、その代地は徳川家から真田家に与えること。
三、残りの三分の一と名胡桃城（群馬県利根郡月夜野町）は真田家の墳墓《ふんぼ》の地である。昌幸が今後も領有してよい。
徳川家からの代替地は、信州（長野県）伊那《いな》郡だった。不安を抱いていた昌幸としては、まずまずの裁定だった。昌幸は、これを受け入れるしかない。

ところが、十月二十三日、とんでもない事件が起こる。北条家の家臣で、沼田城代の猪俣邦憲《いのまたくにのり》が兵を出し、名胡桃城を奪い取ってしまったのだ。昌幸の怒りは当然だが、秀吉の怒りはさらに大きい。「惣無事令違反である」と激怒し、軍勢を出して誅伐《ちゅうばつ》すると告げた。

秀吉と北条との関係は決裂したが、秀吉は「北条討伐に踏み切る好機が到来した」と思ったにちがいない。

氏直は諸将に対して、小田原城（神奈川県小田原市）や各地の支城への参集を命じた。支城というのは八王子《はちおうじ》城（東京都八王子市）、岩槻《いわつき》城（埼玉県岩槻市）、川越《かわごえ》城（埼玉県川越市）、鉢形《はちがた》城（埼玉県寄居町）、江戸《えど》城（東京都千代田区）、本佐倉《もとさくら》城（千葉県酒々井町本佐倉）などである。

小田原城は広大な外郭を持ち、兵糧や弾薬を一年分備蓄してある堅城だ。氏直は籠城《ろうじょう》抗戦を覚悟した。兵力は約三万四千。足軽や農兵を加えて二十三万というが、これは支城に配備されていた兵を含む。

秀吉は翌天正十八年（一五九〇）三月一日、二万三千の兵をひきいて京から出陣。総勢二十一万人を動員し、小田原城の包囲網を固めていった。秀吉は三月二十七日、駿河三枚橋《さんまいばし》城（静岡県沼津市）に入ったあと、家康の陣所である長久保《ながくぼ》城（静岡県長泉町）で、北条方の中山《なかやま》城（静岡県三島市）や韮山《にらやま》城（静岡県伊豆の国市韮山）の攻略を協議した。

中山城は、豊臣秀次《ひでつぐ》の軍勢が半日で攻略。しかし、北条氏規《うじのり》が守る韮山城は、織田信雄《のぶかつ》が攻めたものの、なかなか落ちない。籠城戦が三か月もつづき手こずった。

秀吉は、早雲寺《そううんじ》（北条家の菩提寺《ぼだいじ》。神奈川県箱根町）に本陣を置き、小田原攻めを開始。その後、小田原城の西南にある笠懸《かさがけ》山（石垣山）に陣城《じんじろ》（城攻めのために築く城がまえの陣地）を築いたが、これは天守を備えた本格的なものだった。これが完成すると、秀吉は入城して采配を振るった。

この小田原攻めには、三千の真田軍も加わっている。信繁も指揮官の一人として父や兄とともに戦った。

真田軍は、越後（新潟県）の上杉景勝、加賀《かが》（石川県南部）の前田利家《まえだとしいえ》らの軍勢の先鋒として、小田原をめざす途中、北条方の諸城を攻略する任務を与えられていた。

たとえば、三月十八日、秀吉の軍勢が松井田城《まついだ》（群馬県安中市松井田町）を、攻め落としている。この戦いには、信繁も加わっていたが、『滋野世記《しげのせいき》』によると、「時に源次郎《げんじろう》信繁、自身に働き、手を砕き高名あり」という見事な働きぶりだった。

信繁の初陣とされるが、四年前から秀吉のもとで人質生活を送っていただけに、束縛から解かれたかのように戦場を駆けたにちがいない。

秀吉の攻め方は、派手に攻撃するでもなく、兵糧攻めに徹底した。こうなると籠城にも限界がある。氏直は七月五日には投降してきた。

真田家にとって喜ばしいのは、秀吉が北条氏直を懐柔《かいじゅう》するために与えた沼田城が、北条家が滅びた結果、ふたたび真田家に戻ってきたことだった。この沼田城は、嫡男信之のものとされ、信之はこれを機に自立した大名として扱われるようになった。

信繁は、まだ領地を持つことができない。しかし、これまでの人質生活から解放され、父とともに上田城で暮らすことになったのである。

# 第二章　真田家の関ヶ原

## 信繁の結婚相手は大谷吉継の娘

話は少しさかのぼるが、信繁《のぶしげ》が秀吉《ひでよし》の人質として、大坂へ移されたのは天正十四年（一五八六）、二十歳のときのことである。

やがて、越前敦賀城《えちぜんつるがじょう》（福井県敦賀市）主大谷吉継《おおたによしつぐ》の娘を妻として迎えている。娘の生年や名は伝えられていない。法号の竹林院《ちくりんいん》と呼ばれることが多い。

二人が結婚した年は不詳だが、長女あぐりが生まれたのは慶長五年（一六〇〇）とされるので、結婚したのはその少し前、天正十九年（一五九一）か、文禄初年（一五九二）のころと考えられている。

当時としては、ごく普通だった政略結婚である。父の昌幸《まさゆき》は、なんとしても秀吉の後ろ楯《だて》を得て生きのびたいと考え、秀吉の人質として信繁を送り込んだ。

秀吉としても真田《さなだ》家をわが陣営に引き込むことができれば、これほど心強いことはない。さらに、秀吉が信頼を寄せている大谷吉継の娘との婚姻は、豊臣《とよとみ》方との絆《きずな》を強めるにはもっとも有効なことだった。

当時、武家の婚姻の多くは政略結婚だから、信繁の場合も政治的に利用された。

それだけに相手の女性は由緒ある、すぐれた女性が選ばれた。

大谷吉継は才知と軍略にすぐれ、秀吉の奉行をつとめた実力者である。十六歳のとき、秀吉の小姓になったのが出発点だが、石田三成《いしだみつなり》とは古くから仲がよく、気心の知れた親友だった。

その後、天正十一年（一五八三）、賤ヶ岳《しずがたけ》の戦いで戦功をあげ、秀吉から一字をもらって吉継と名乗るようになったし、天正十三年（一五八五）には越前敦賀城主となり、六万石を与えられた。また、この年、刑部少輔《ぎょうぶしょうゆう》となる。

ところが、吉継は難病に苦しみつづけた。信繁が勧めたこともあって、上州草《じょうしゅうくさ》津《つ》（群馬県草津町）で湯治《とうじ》をしたこともある。

普段から白い布で顔を包み隠していたが、それはハンセン病のために顔が崩れたからだった。当時は適切な治療法もない。やがて手足も思うように動かすことができなくなり、目も失明寸前になった。

そうした状態なのに吉継は、慶長五年（一六〇〇）七月二日、一千の兵をひきいて美濃垂井《みのたるい》（岐阜県垂井町）に布陣したのである。家康《いえやす》の会津《あいづ》征伐に加わるためだった。そこに石田三成の使者がやってきて、

「ぜひ佐和山《さわやま》城（滋賀県彦根市）へ立ち寄っていただきたい」

との三成の伝言を伝える。

吉継は三成とは親密な間柄だったから、すぐ佐和山城へ出かけたが、そこで三成から聞かされたのは家康を討つ企みだった。

「無謀なことだ」

吉継はそういって反対したが、三成の決意は堅い。

こうして九月十五日、関ヶ原で東西両軍が激突する。吉継は、板輿《いたごし》に乗って戦場に出た。ところが、東軍に寝返った小早川秀秋《こばやかわひであき》を許せず、失明に近いというのに「斬り込め！」と叫んだ。しかし、この戦いのなかで吉継は自刃《じじん》して果てた。

吉継の娘と信繁のことだが、二人のあいだは円満だったらしく、五人の子が生まれている。

長女あぐりのあと、慶長七年（一六〇二）には、長男大助《だいすけ》が誕生した。のちに詳述するが、信繁は慶長五年、父昌幸とともに西軍として参戦。徳川秀忠《ひでただ》の大軍を上田城に釘づけにして翻弄《ほんろう》し、秀忠は関ヶ原の決戦にまにあわない、という失態を演じた。

慶長七年といえば、西軍が敗北、信繁は九度山《くどやま》（和歌山県久度山町）に配流《はいる》中である。信繁三十六歳。跡継ぎの誕生に、大きな希望を抱いたにちがいなかった。その後、しょう、かねと娘が二人生まれ、慶長十七年（一六一二）には、次男の大八《だいはち》が生まれた。

じつをいうと、信繁には吉継の娘を妻にする以前、何人かの女性がいた。最初の女性は、家臣堀田作兵衛《ほったさくべえ》の娘ともいわれ、すえという娘が生まれている。二人目は、家臣高梨内記《たかなしないき》の娘で、いち、うめの二人の娘が生まれた。吉継の娘は正妻だが、三人目の女性ということになる。

さらに、秀吉の甥三好秀次《みよしひでつぐ》の娘とのあいだに、なお、幸信《ゆきのぶ》の一男一女が生まれていた。詳細はよくわからないが、もう一人女性がいて、之親《ゆきちか》という男子が誕生している。

結局、信繁は五人の女性とのあいだに四男七女、合わせて十一人の子ができたことになる。いまなら子沢山《こだくさん》といっておどろかれるが、戦国の世では、このくらいは当然と思われていた。

## 秀吉の死と石田三成の挙兵

豊臣秀吉は慶長三年（一五九八）八月十八日、秀頼の将来を案じながら伏見《ふしみ》城（京都市伏見区）で死去した。享年六十二。秀頼はまだ六歳だから心配なのは当然である。その十日ほど前、秀吉は五大老（徳川家康、前田利家《まえだとしいえ》、毛利輝元《もうりてるもと》、宇喜多秀《うきたひで》家《いえ》、上杉景勝《うえすぎかげかつ》）にあてて、最後の遺言を残した。

「くれぐれも秀頼のこと、五人の衆に頼む。詳しいことは、五人の者（五奉行。前田玄以《げんい》、浅野長政《あさのながまさ》、増田長盛《ましたながもり》、石田三成、長束正家《なつかまさいえ》）に申し渡した。名残り惜しいことだが、秀頼が成り立つように重ねてお頼みする。ほかに思い残すことはない」

その死を喜んだのは、徳川家康だった。家康は自ら政権を取る野望を秘めながら、関白太閤《かんぱくたいこう》に臣従してきただけに、つぎの政権を担う者として世に躍り出る可能性を、深く噛み締めていたはずだ。

秀頼が豊臣政権を継ぐとしても、かなり先のことになる。だとすれば、関東に二百五十五万石を領する家康が政権を担うしかないのではないか。年は五十七歳で、それほど年寄りというほどでもない。いまが好機なのだ。家康は、自分自身を、そう鼓舞《こぶ》したにちがいない。

しかし、秀吉のもとで権勢を振るっていた石田三成は、そうした家康を警戒していた。よほど家康の行動に不審を抱いたのか、三成が家康を襲おうとして失敗した、といった噂が流れたほどだった。

その後、慶長五年（一六〇〇）五月三日、五大老の一人で、会津（福島県西部）に国替えになった上杉景勝が会津若松《わかまつ》城（福島県会津若松市）の西郊に、神指《こうさし》城を築いた。

新しい城を築くなど大事件である。家康は、五奉行が慎重論を唱えているのに、「上杉景勝に謀叛《むほん》の疑いがある」として、六月十八日、上杉討伐を決め、伏見城を出発した。

当時、家康の立場は豊臣政権の代行者だが、そこから抜け出るためには異変がなければならない。そのため、家康はかなり強引な行動に出たわけである。諸将も家康にしたがった。

家康が下野小山《しもつけおやま》（栃木県小山市）に到着したのは、七月二十四日のことである。翌二十五日、「石田三成が挙兵」との報《しら》せが届き、家康はその日のうちに諸将を集め、軍議を開いた。それ以前にも、三成の動きは刻々と家康のもとに届いていた。

すでに七月十七日には、家康のもとに「家康がいかに秀吉の遺命に背《そむ》き、身勝手なことをしているか」との弾劾書《だんがいしょ》が送られている。豊臣五奉行のうち長束正家、増田長盛、前田玄以の三人が連署したが、首謀者は石田三成である。

三成は実務の達人であり、戦略で人を動かす軍師でもある。秀吉の天下取りに大きな貢献をした一人だった。しかも、秀吉亡きあとは、秀頼を補佐しながら豊臣政権を維持していく、と覚悟していた。それだけに、家康の政権を奪おうとする動きは許すことができない。

三成は、会津の上杉景勝、常陸《ひたち》（茨城県）の佐竹義宣《さたけよしのぶ》、薩摩《さつま》（鹿児島県）の島津《しまづ》義弘《よしひろ》、信濃《しなの》（長野県）の真田昌幸、信繁らと親しいネットワークを結んでいる。ほかに、大谷吉継、上杉家重臣の直江兼続《なおえかねつぐ》ら友人もいた。いざというときには助力を惜しまないはずだった。

三成が考えた家康を排除する作戦は、まず東に変を起こし、家康を大坂から離す。その隙に奉行や大老の名で挙兵し、東と西から家康を挟み撃ちにする、というものだったらしい。

どちらにせよ、三成も家康も「腹に一物」を抱えて行動していた。

家康は軍議を開いた翌日、陣を払い、東海道を西へと反転させる。秀忠は家康と別に、宇都宮《うつのみや》に布陣していた。大久保忠隣《おおくぼただちか》、本多正信《ほんだまさのぶ》、榊原康政《さかきばらやすまさ》らの諸将と出発し、中山道を西へ進んだ。途中、美濃（岐阜県南部）で、家康の本隊と合流する予定になっていたのである。

## 真田父子、犬伏での苦渋の決断

真田昌幸はどうしていたかというと、家康の上杉討伐に加わって、下野犬伏《いぬぶし》（栃木県佐野市）に着陣していた。小山の少し手前である。信繁は昌幸に同行していたが、長男の信之は別行動をとり、家康の嫡男秀忠にしたがって、宇都宮（栃木県宇都宮市）に宿泊中だった。

昌幸のもとに、石田三成方からの密書が届く。「家康が秀吉の遺訓を破り、専横《せんおう》をきわめているのは言語道断」と非難。「秀吉への恩顧《おんこ》を忘れていないのであれば、秀頼への忠節を尽くすべきである」と豊臣方へ勧誘するものだった。

昌幸はむろん、それを見せられた信繁もおどろいたが、放置しておくことはできない。できるだけ早く決断しなければならないのに、即決するのはむずかしかった。使者を出し、急いで宇都宮にいる信之を呼び寄せ、話し合った。

信繁は父昌幸のおどろく様子や、これまでの経緯を考えると、やはり大坂へ赴くべきだ、という思いが湧きあがってくる。

真田家は、これまでどれほど秀吉の世話になったか、わからない。真田家が家康の配下になったのも、秀吉の指図にしたがってのことだ。

もっとも長男信之は、家康の養女（本多忠勝《ただかつ》の娘）小松姫《こまつひめ》を正室に迎えている。昌幸の正直な気持ちは、それはそれとして、豊臣の恩顧に報いるべきではないのか、と思った。信繁も父の気持ちを理解していた。

ところが、信之の考えは、少しちがっていた。家康とは親戚だし、しかも上杉討伐のため、家康にしたがってここまで出陣してきたではないか。それをいまさら、家康に手のひらを返すことはできない、というのだ。これも一理ある考えであった。

これに対して信繁の妻は、秀吉の重臣であり、石田三成と親しい大谷吉継の娘である。すでに吉継は、三成に同調していた。それだけに信繁は父昌幸の気持ちがわかったし、兄信之の思いも理解できた。

三人のひそかな協議は、深夜におよんだ。家臣たちには、その様子が気になってしかたがない。家臣の一人がそっと部屋に近づく。

「誰もくるなと申したはずだ！」

昌幸は、怒声《どせい》を発しながら、履物《はきもの》を投げつけた。石田三成につくか、徳川家康につくかで、真田家の命運は変わる。それだけに緊迫した議論になった。

さすがの昌幸もときには気持ちが高ぶることもあったようだが、真田家の存続にかかわる話し合いだから、それもやむをえない。信之を説得するのはむずかしい、と察した昌幸は、腹をくくったように信之にこういった。

「おまえは、おのれの思いのまま家康殿に尽くすがよい。わしと信繁は秀頼様に味方するが、異存あるまいな。このように親兄弟が敵味方に分かれて戦う例は、これまでいくらでもある。どのような結末になろうとも、怨《うら》みに思うでないぞ。よいか」

昌幸は、あくまでも冷静であり、最後は諭《さと》すような口調になった。

結局のところ、昌幸と信繁が西軍、信之は東軍につく、ということに決まった。

信之は、こう語った。

「東西両軍が戦えば、西軍の敗北は避けられない。しかし、そうなったとしても、わたしは真田家を守るために、父と弟の命を助けるつもりです」

信之の決意は揺るぎないように思えた。信之は「西軍の敗北」といったが、戦いの結果はやってみなければわからない。それにこの時代、敗北は死を意味する。負ければ戦場の土となるのが当たり前だし、武士はそうした覚悟で戦いにのぞんだ。それは昌幸も信繁も同じだった。

三人で話し合ったこの場面は、のちに「犬伏の別れ」として語り継がれた。

いくら戦国の乱世とはいえ、父親の昌幸としては、二人の息子がそれぞれ徳川家と豊臣家とに縁があるため、どちらか一方にまとめることはできなかった。だが、先を読めば、戦いのあとに真田家を存続させるためには、二人の息子が東西に分かれるのは、むしろいいことかもしれない、と自分を納得させた。

昌幸は、すぐに石田三成に「信繁とともに味方する」と返書を送った。こうして犬伏の陣を払い、軍備を整えるために上田城へ急いだ。

信之も家康の陣に戻り、父や弟と話し合いをしたことを説明し、自分は家康とともに行動することを誓った。

## 舅の入城を拒んだ小松姫

昌幸と信繁は上田城（長野県上田市）へ向かったが、その途中に信之の沼田城（群馬県沼田市）がある。沼田城は天正八年（一五八〇）、昌幸が攻め落とした城だが、いまは信之の居城になっていた。

信之は城に戻っていないだろうが、妻の小松姫とかわいい孫が留守を守っているはずだ。昌幸は、孫の顔を一目見ようと立ち寄った。

ところが、すでに父兄弟が敵味方に分かれた、との報《しら》せがあったのだろう。小松姫の対応はきびしく、城門をかたく閉ざしたまま、入城を求める昌幸を拒んだ。

「敵となったいま、舅殿《しゅうとどの》とはいえ、城へ入れることはできませぬ」

小松姫は薙刀《なぎなた》をかかえ、城門の内側に立って叫ぶ。

いわれてみれば、当然のことである。昌幸はおのれの迂闊《うかつ》さに気づくと、「申しわけない。誤ちをおかしてしまった」と詫《わ》び、こういって小松姫をほめた。

「さすがは日本一と評判の高い本多中務少輔《なかつかさのしょうゆう》（忠勝）の娘じゃ。弓取《ゆみとり》（武士）の妻は、こうあるべきだ。この妻がいるかぎり、真田家は安泰だな」

昌幸は、やむなく城を離れ、城下の正覚寺《しょうかくじ》で休息をとった。

小松姫も昌幸に孫の顔も見せないのでは、後味が悪かったのだろう。小松姫は子どもを連れて、休息をとっている昌幸のもとにやってきた。昌幸も思いがかない満足したにちがいない。晴れ晴れとした気持ちで上田城へ戻っていった。

## 上田城で秀忠勢に打ち勝つ

真田昌幸と信繁とは、犬伏から上田城へ戻ると、二千五百の兵とともに立て籠《こも》った。

中山道を西へ進軍していた秀忠《ひでただ》の軍勢は、三万八千である。信濃（長野県）に入ると十五年前の屈辱的な出来事を思い出す者もいた。徳川勢が大軍で上田城を攻撃したのに、なんと真田昌幸に神川《かんがわ》合戦で敗北してしまったのだ。第一次上田合戦ともいわれるが、むろん家康にとっても忘れることができない。

秀忠は当時七歳だから、その戦いに加わったわけではないが、敗北の悔しさは話に聞いていた。徳川勢の死者は千三百人といわれるほどの惨敗ぶりだった。秀忠には、そのときの汚名をすすごうという気持ちもあったのだろう。

その後、真田昌幸は秀吉の仲裁で家康と和解し、息子の信繁を秀吉の人質として大坂に送った。

そしていま三成の西軍として戦うことになったのである。東軍から見れば、昌幸と信繁の父子は裏切り者だ。秀忠は真田の上田城を攻略して勇躍《ゆうやく》決戦にのぞむ、と決意していたのである。しかし、真田父子は、なかなか手強い相手だ。秀忠の決意はいいのだが、上田城攻略を甘く考えていた、としかいいようがない。

秀忠は九月二日、小諸《こもろ》城（長野県小諸市）に入った。城主は、徳川方の仙石秀久《せんごくひでひさ》である。ここまでくれば、上田城は近い。秀忠は使者を派遣し、昌幸に城を明け渡すよう降伏を勧告した。

昌幸は、それをあっさりと受け入れた。だが、すぐには実行しない。昌幸は、逆

## 真田家を囲む勢力図③ 関ヶ原の戦い
(慶長５年(1600)の直前)

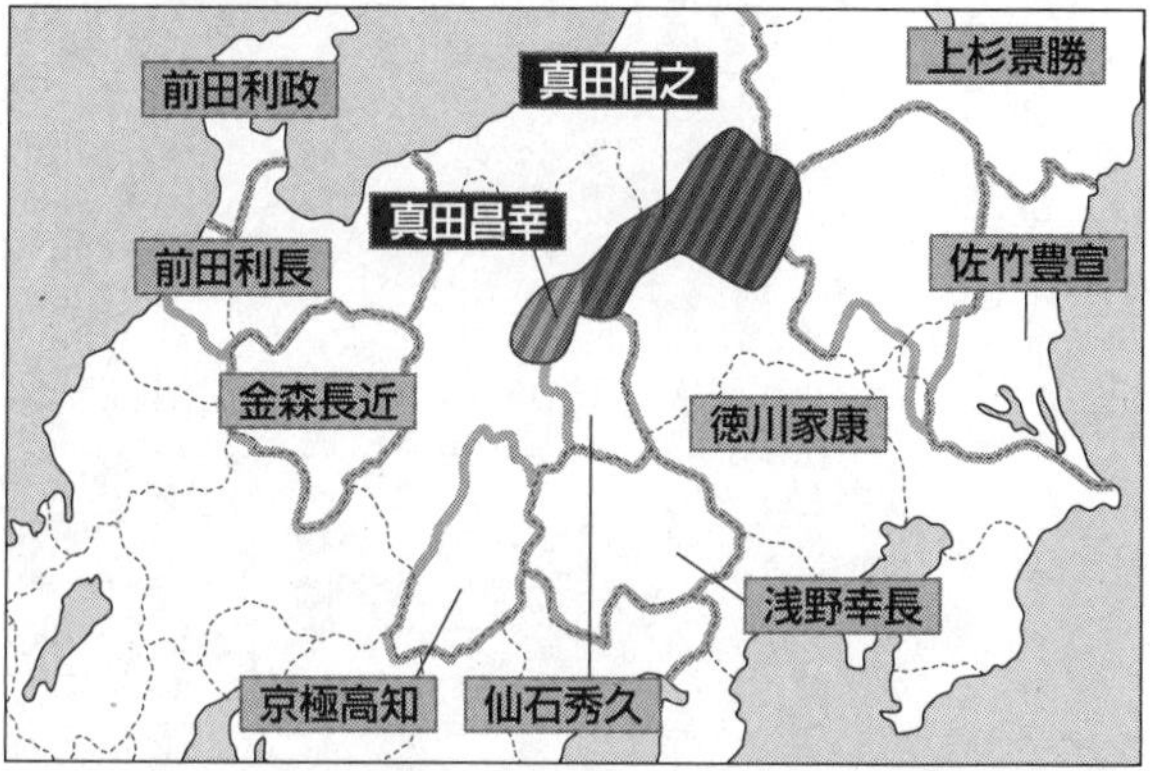


関ヶ原の戦いは、勢力図をさらに大きく塗り変えた。真田領は、西軍に属した昌幸と信繁が真田・上田領を、東軍についた信之は上野・沼田領をと分裂した。関ヶ原の戦いが終わると、昌幸と信繁が九度山に蟄居を命じられ、信之が真田領のすべてを支配した。

に秀忠の軍勢を罠にはめ、手玉に取ろうと考えていたのである。具体的には、秀忠の三万八千の大軍を上田城に釘づけにし、東西両軍の決戦に参加させない、という計略だった。だから、あれこれと理由をつけて時間稼ぎをしたのだ。

東軍のなかに、豊臣恩顧の武将もいる。福島正則《ふくしままさのり》、黒田《くろだ》長政《ながまさ》、浅野幸長《よしなが》らである。もし、上田城に長時間、秀忠の軍勢を足留めすることができれば、豊臣恩顧の武将たちが西軍になびくのではないか。

昌幸は、そう考えていた。なびかないまでも決戦に参加するはずの三万八千が遅れて間に合ないとなれば、西軍にとって有利になる。

しかし、秀忠は、真田昌幸が降伏開城を約束しながら、何日も放置していることに腹を立てた。もう一度、使者を立てて降伏をうながしたが、昌幸は同じように「降伏する」と断言したものの、やはり実行しない。がまんができず秀忠はついに上田城総攻撃を決断するのだ。

上田城を取らずに西へ進んだところで、天下分け目の決戦に影響はないはずだった。むしろ秀忠は、上田城攻略などを考えずに、ひたすら先を急ぎ、決戦にのぞむべきだったのである。

秀忠は自分のやるべきことを忘れ、ついむきになってしまった。九月六日、上田城へ総攻撃をはじめた。

しかし、昌幸と信繁父子は、名うての戦略家である。仕掛けをつくったり、兵たちを城外に出して挑発するなど秀忠を悩ませつづけた。

秀忠はこのとき二十二歳。はじめての本格的な戦いだったこともあって、あせりがあったのかもしれない。真田父子の術に引っかかった。真田の巧妙な戦いに振りまわされ、秀忠勢は敗北がつづく。

## 第二次上田合戦

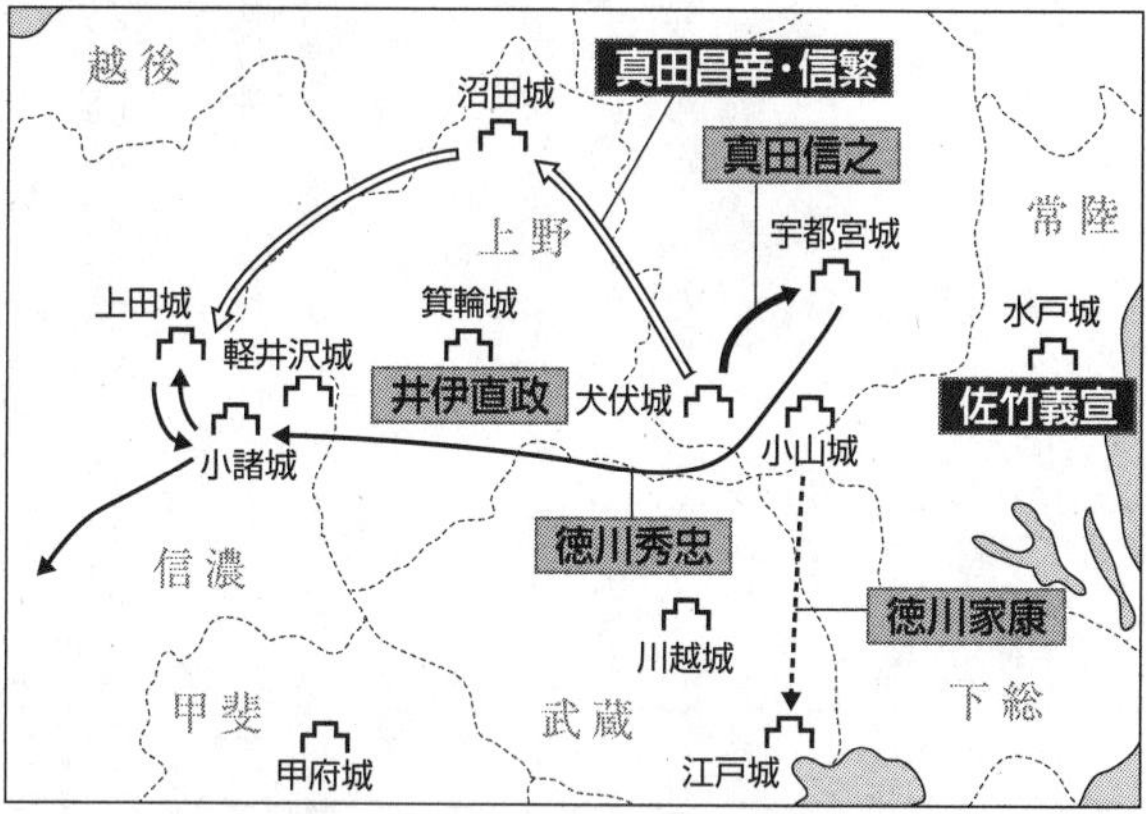


徳川秀忠の軍勢3万8千は8月24日宇都宮を進発。家康は江戸へ戻ったあと9月1日に進発した。ところが9月2日、小諸に到着した秀忠は真田昌幸、信繁が籠もる上田城を攻撃。真田軍に翻弄された末、やっと11日に小諸を出発して関ヶ原へ向かった。木曽福島に着いたのは16日だが、関ヶ原の戦いは前日に終わっていた。真田の名を高めた一戦だった。

真田勢は二千五百だから、秀忠勢の十五分の一でしかない。それなのに秀忠勢は上田城を攻略できず、いたずらに日時を費やすばかりだった。

やがて、家康から「急ぎ西上せよ」といってくる。秀忠は九月十一日、上田城攻めをあきらめ、西へ向かった。ところが、木曽山中を急いでいるとき、東軍が大勝利した、との報せがとどく。秀忠は関ヶ原の戦いに間に合わなかったのである。

## 父と弟の助命を嘆願した信之

先に述べたように慶長五年(一六〇〇)、関ヶ原の戦いで東西両軍が激突したとき、真田昌幸と信繁とは、本拠の上田城(長野県上田市)に籠城し、徳川秀忠ひきいる大軍と戦っていた。このため、秀忠は真田父子に翻弄され、関ヶ原の決戦には遅れてしまった。

真田父子は、秀忠の軍勢を手玉に取ったのだが、戦いを打ち切り、西へ向かう秀忠軍を追撃する余力はなかった。

秀忠軍に与えた打撃は大きい。しかし、家康から見れば、真田父子は反逆したことになり、その罪は重い。戦後、家康は、昌幸と信繁を死罪とし、上田領を没取しようとしたのである。厳罰は当然のことだった。

ところが、真田家嫡男の信之は、徳川軍としてめざましい働きを見せた。その信之が父と弟の刑をなんとか軽くしたいと、熱心に嘆願する。信之の妻は本多忠勝の娘だが、家康の養女として嫁いできた。つまり、家康は、信之の養父ということになるから、信之の嘆願を冷たくあしらうことはできない。

それに、その舅である本多忠勝も助命《じょめい》を願い出る。

真田昌幸と信繁については、いくら父と弟とはいえ、下手に動くと信之の立場も危うくなる微妙な問題であった。そのことを考えれば、信之は非情な戦国武将ではなく、父思いであり、弟思いの人間味ある武将だった。

家康は、信之の助命嘆願を受け入れるかたちで、昌幸と信繁の命を助け、高野山《こうやさん》（和歌山県）での蟄居《ちっきょ》を命じたのである。しかも無期限の蟄居とされ、いつ赦免《しゃめん》となるかわからない。

それでも昌幸と信繁は、信之が助命嘆願をしてくれたおかげで、命びろいをした。とにかく命を永らえ、望みを明日につなぐことができるようになったのである。

昌幸と信繁は、十二月十三日、高野山に入った。高野山に送られるとき、昌幸は信之と別れのことばを述べたあと、

「さても残念でならぬ。家康をこそ、このような目に合わせてやろうと思ったのに」

といいながら悔し涙を流したという。

知謀にすぐれ、織田家、北条家、徳川家、上杉家、豊臣家と、戦国の実力者たちに臣従しながら真田家の基盤をつくりあげてきた昌幸である。それまでの昌幸の生きざまを見れば、悔しがるのも無理はない。

一方、助命嘆願をした信之である。嘆願するさい、信之は「父と弟の命を助けていただければ、恩賞《おんしょう》などいりませぬ」と訴えた。

しかし、だからといって信之の戦功を無視することはできない。家康は、信之を厚く遇した。

信之は九万五千石の領地を手にしたが、その内訳は、これまでの上野沼田二万七千石、それに父昌幸の旧領である信濃上田の三万八千石、さらに新たに三万石の加増があったのである。

ところが、昌幸が築城し、真田家の本拠としてきた上田城は、徳川方にとっては二度も敗北した忌わしい城である。真田家には誉《ほま》れの城だが、家康は戦後、完全に破却したという。いまの上田城址は、江戸時代になって新たに築かれたものだ。

信之は、それまでの信幸を捨て、信之と改めたのは、このときのことである。初代の上田藩主となったが、藩庁は、旧上田城三ノ丸跡地に建てた陣屋を当てている。

その後、元和八年（一六二二）、さらに四万石を加増、松代《まつしろ》（長野市）に転封《てんぽう》となった。

## 九度山での苦しい蟄居生活

高野山への蟄居となった昌幸、信繁は当初、妻子や家臣をつれて、真田家ゆかりの蓮華定院《れんげじょういん》に入った。だが、高野山は女人禁制のため、妻子は入ることができない。やむなく妻子は麓の集落に住むことになったが、これでは随行させた意味がない。

そこで昌幸や信繁、妻子、家臣が一緒に住めるということで、九度山村（和歌山県九度山町）に移った。屋敷は昌幸、信繁と別々に用意され、このあたりではなかなか立派なものである。

ところで、この「九度山」というのは、和歌山県北部、高野山の麓に位置する。北側に紀ノ川《きのかわ》が流れているが、山間の静かなところだ。「九度山」という地名は平安初期、空海《くうかい》の母が慈尊院《じそんいん》で暮らしており、空海が母に会うため、月に九回も訪れた、という逸話《いつわ》に由来する。

現在、九度山町には、信繁が暮らしていたと伝わる建物が「真田庵」と称して実在し、善名称院《ぜんみょうしょういん》（蓮華定院の支院）となっている。当時、九度山村の庄屋にたいして、高野山から「殿様育ちの父子がわがままをいっても黙って従うように」という指示も出ていたらしい。

ひそかに監視されながらも、村の外に出なければ、自由に行動することができたし、生活は平穏だった。ただし経済的には困窮していた。

生活費は、信之や紀伊藩《きい》（和歌山市）主浅野家からの援助でまかなわれた。当時、流刑地の領主が流人《るにん》の生活費を負担することになっていたし、九度山村は紀伊浅野家の支配下にあったため、浅野家が真田らの生活費を出したわけだ。

その金額は、一年に五十石だが、それ以前の生活ぶりからすると不足がちである。そこで、昌幸が信繁の弟、昌親《まさちか》（関ヶ原の戦いでは信之と同様、徳川方についた）に無心をするということがあった。

ある年の正月五日付で出した昌幸の書状には、つぎのように記されている。

「昌親からの臨時の援助金四十両のうち、二十両は受け取った。しかし、こちらは多額の借金を抱えているため、今年のやりくりができない。残りの二十両も早々に送って欲しい。春のあいだに十両でも。算段がついたなら、五両でも六両でも送って欲しい」

生活の苦しさが切迫し、手の打ちようがない。合戦では知略の限りを尽くし、生き生きと駆けめぐっていた昌幸である。その姿はどこにもないが、それればかりか金策に苦しんでいるのはなんとも切ない。

しかし、昌幸は武将である。戦乱の荒波を知力と行動力でかいくぐり、見事な戦功をあげてきた。それだけに一日も早く赦免され、信濃へ戻ることができれば、これほどの喜びはない。昌幸は心の底からそう望んだ。

九度山に蟄居して三年目、昌幸は慶長八年（一六〇三）三月十五日付の信濃の信《しん》綱寺《こうじ》に宛てた書状に、つぎのように書いている。

「内府《ないふ》様（家康）がこの夏、関東へ下向《げこう》されるとのことですが、その節は私のことを本多正信様が取りなしてくれることでしょう。下山したときには、お目にかかりたいと思っています」

本多正信が家康に取りなしてくれれば、赦免されるはずだ。その節には、ぜひお会いしたい、という昌幸の期待感がよく伝わってくる。しかし、その可能性はきわめて低い。

その後、信之に宛てた書状では、つぎのような本音をもらす。

「この一両年は年積もり候故《そうろうゆえ》、気根草臥《きこんくたび》れ候」

この書状は信繁が代筆したものだが、信繁も疲れ果てていたらしく、追伸を添えている。

「長年の山住まいのため、ままならぬことが多い。私なども大草臥《たいそう》れ者になりました」

昌幸が九度山村に蟄居したのは、五十四歳のときのことである。長い蟄居で疲れがたまっていただろうが、帰国を望みながらなかなか果せない、という精神的な疲れのほうが重い。

こうして慶長十六年（一六一一）六月四日、昌幸は世を去った。享年六十五である。

## 信繁の子どもたち

高野山での蟄居といっても、妻子や家臣の随行を許されていたから、昌幸と信繁は、身のまわりのことにはさほど心配しなくてもすんだ。

随行して高野山に入った家臣は、高梨内記《たかなしないき》、池田長門《いけだながと》、原出羽《はらでわ》、小山田治左衛門《おやまだじざえもん》、田口久左衛門《たぐちきゅうざえもん》、窪田作之丞《くぼたさくのじょう》、河野清右衛門《こうのせいえもん》、青木半左衛門《あおきはんざえもん》、大瀬儀八郎《おおせぎはちろう》、飯島市之丞《いいじまいちのじょう》、石井舎人《いしいとねり》、前島作左衛門《まえじまさくざえもん》、関口角左衛門《せきぐちかくざえもん》、関口忠右衛門《ちゅうえもん》、三井左衛門《みついざえもん》、青柳清庵《あおやぎせいあん》の十六人だった。

女性の顔ぶれだが、昌幸の妻、山之手殿は上田に残った。信繁の妻、竹林院（大谷吉継の娘）は随行している。

信繁には、ほかに何人かの女性がいたが、最初の女性は堀田興重《ほったおきしげ》の娘で、すえという娘がいた。二人とも高野山へは同行していない。のちにすえは、信州長窪《ながくぼ》の郷士石合道定《いしあいみちさだ》に嫁いだという。

高梨内記の娘とのあいだには、上田でいちという娘が生まれている。一緒に高野山麓の九度山（和歌山県九度山村）にきたが、いちはこの地で早世した。

正妻の竹林院は三番目の女性ということになるが、二男四女をもうけている。大助は、九度山で生まれた嫡男で、のちに幸昌《ゆきまさ》と改名。慶長二十年（一六一五）五月八日、大坂夏の陣で秀頼に殉《じゅん》じて自刃した。

九度山では、うめという娘も生まれている。滝川一積《かずあつ》の養女になり、その後、片倉重綱《かたくらしげつな》に嫁いだとされる。あぐりも九度山生まれだが、のち蒲生郷喜《がもうさとよし》の妻になった。同じ九度山生まれのかねは、豊臣家旧臣の石川貞清《いしかわさだきよ》に嫁いだという。しようも九度山で生まれたが、片倉家に嫁いだうめを頼って、やがて伊達家の家臣の妻になった。大八（守信《もりのぶ》）も九度山生まれである。片倉家の保護を受け、仙台真田家の祖となった。

ほかに三好秀次《みよしひでつぐ》の次女とのあいだに、二人の子をなしている。九度山で生まれたなほは、大坂の陣のあと、出羽《でわ》（山形県・秋田県）へ嫁いだという。幸信《ゆきのぶ》という男子は、大坂夏の陣のあとに生まれた。その後、姉のなほを頼り、出羽の岩城《いわき》家の家臣になったといわれる。

## 父の死と信繁のやる気の衰え

昌幸は蟄居が長年におよび、身も心も疲れ果て、ついに死を迎えた。往年の気迫もないし、精悍《せいかん》さもない。しかし、もう戦う必要もないし、安らかな気持ちで世を去ることができたのではないだろうか。

上田にいる信之は、父が死去したとの報せをうけ、葬儀を思い立つ。本多正信に相談してみたところ、容易ではないことがわかった。正信はこう回答してきたのだ。

「昌幸は罪人であり、幕府にとって憚《はばか》りがある。家康様、秀忠様の赦《ゆる》しがなければむずかしい。昌幸が赦免となれば弔《とむら》いをすることができるだろうが……」

しかし、家康の昌幸への憎しみは大きく、実際のところ、昌幸の弔いは不可能なことだった。昌幸は、やむなく九度山の地にひっそりと葬られた。残された信繁には屈辱的なことだった。

信之は「せめて家臣の苦労に報いてやりたい」と思い、九度山に随行した家臣たちに恩賞を与えて労をねぎらい、さらに上田へ呼び寄せた。たとえば、青木半左衛門には百貫文、河野清右衛門と窪田作之丞には六十貫文ずつを与え、多くは信之に仕えることになり、昌幸の一周忌を機に信濃（長野県）へ戻っていった。

九度山に留まったのはわずか三人、高梨内記、青柳清庵、三井左衛門だったと伝えられる。それだけに信繁の身辺は、一挙に寂しくなった。

信繁は、その気持ちをこう書いている。

「とかくとかく年の寄り申し候こそ、口惜《くちお》しく候。私なども去年より俄《にわか》に年寄り、殊《こと》の外《ほか》、病者になり申し候。歯も抜け、ひげなども黒いところは、あまりありません。いま一度、お会いしたいものです」

これは真田家臣で、信繁の姉の夫である小山田茂誠《おやまだしげまさ》に宛てた書状である。日付は慶長十七年（一六一二）ごろの二月八日。信繁は四十三歳、いくら蟄居暮らしが長引いたとはいえ、それほど老け込むはずはないと思うが、なんのために生きているのか、という目標もなく、九度山での暮らしは平穏とはいえ、逆にやる気を奪い、老いを早めてしまうのだろうか。

あまりにも侘しいことである。しかし、信繁の心底には「もう一度」という気持ちがまったくなくなっていたわけではなかった。

# 第三章　家康の企みと信繁の決断

## 家康の地盤を安定させた戦後処理

徳川家康《とくがわいえやす》には当初、豊臣《とよとみ》家を滅亡へ追いやる気持ちはなかったのではないだろうか。できれば、徳川家と豊臣家とで権力を分担し、政治体制を維持していきたい。そう考えていたのに、円滑にことが運ばなかった。

たとえば関ヶ原の戦いで勝利したのに、すぐには天下人になれなかったなどの矛盾もあるし、感情的な対立もある。家康が望むような「協調して政権を運営する」ことは実現しなかった。いや、むしろ対立を深め、大坂冬の陣、夏の陣へと突入してしまうのだ。

その「なぜ」を解き明かすには、話を関ヶ原の戦いのころにさかのぼらなければならない。

西軍の指揮官石田三成《いしだみつなり》は、よくいわれるように行政にすぐれた能力を持つ武将だった。秀吉《ひでよし》のもとで各地の検地を担当したり、豊臣政権の基礎台帳を整えるなど、行政手腕は高く評価されている。そのうえ、軍功もあげてきた。

しかし、そうした三成に反感を抱く武将もいる。加藤清正《かとうきよまさ》、黒田長政《くろだながまさ》といった武断派である。秀吉の死後、彼らが家康と手を組んだことから、三成との対立が激化する。

やがて慶長五年（一六〇〇）九月十五日、関ヶ原の戦いに突入したが、結局、三成の西軍が敗れ、三成は捕えられて斬首《ざんしゅ》となった。

家康は戦いに勝利したものの、まだ天下を取ったわけではない。秀吉が関白になったように、政治的な権威を手にしていなかった。秀吉がつくりあげた政治体制が厳然と残っていたし、豊臣家も秀頼《ひでより》が幼いとはいえ、まだまだ侮《あなど》りがたい力を持っていた。それに上杉景勝《うえすぎかげかつ》、島津義弘《しまづよしひろ》ら、地方には勢力を振るう大名が少なくなかった。

当時、家康の最大の課題は、安定した天下を回復することにあった。そこで、まず関ヶ原の戦いの戦後処理に着手した。

西軍の武将のうち、京の六条河原《ろくじょうがわら》で斬首となったのは、石田三成をはじめ、小西行長《こにしゆきなが》、安国寺恵瓊《あんこくじえけい》だが、宇喜多秀家《うきたひでいえ》のように八丈島へ流罪《るざい》となった者もいる。

家康は、真田昌幸《さなだまさゆき》と次男の信繁《のぶしげ》とに切腹を命じるつもりだったという。先にも述べたが、家康の東軍として出陣した兄の信之《のぶゆき》は、自らの恩賞のかわりに父と弟の助命を嘆願。それが聞きとどけられて、昌幸と信繁は、九度山での蟄居《ちっきょ》となった。二人は、兄のおかげで命びろいをしたのである。

信之は恩賞を辞退したが、家康は信之を高く買っていた。それまでの沼田《ぬまた》領三万石に加え、昌幸の旧領などが与えられ、九万五千石の大名になった。

取り潰された西軍の大名は、近江佐和山《おうみさわやま》城十九万石の石田三成をはじめ、八十八家、石高は四百十六万一千八十四石に達した。減封《げんぽう》処分となった大名は、上杉景勝が会津《あいづ》百二十万石から米沢《よねざわ》三十万石へ、佐竹義宣《さたけよしのぶ》は水戸五十四万石から秋田十八万石となった。減封処分になったのは五家、石高は二百十六万三千百十石だった。

そうした一方、勝利した東軍の大名は、大幅な増封である。家康自身がもっとも多く、二百四十二万石から四百万石と巨大な力を手に入れた。前田利長《まえだとしなが》は百二十万石に、伊達政宗《だてまさむね》は六十二万石になっている。

これは戦後処理委員会をつくり、協議して、どうするかを決めたわけではない。すべて家康の自由裁量、すなわち自由な判断が認められたのである。

当時、日本全国の総石高は、約千八百万石といわれた。潰されたり、減らされたりした石高は六百三十二万石だから、これを再分配できるというのは、たいへんな権利を手にしたことになる。家康は、譜代《ふだい》の家臣に加増して大名にするなど、一門、譜代大名を六十八人も誕生させた。家康にとって、有利な地盤をつくることができたのだ。
このような家康の巧みな戦後処理によって、新しい秩序も生まれた。それ以前、大名たちは領国を自分が支配する国、あるいは分国として理解していた。つまり、分権国家だったのである。秀吉が天下を統一したのちも、考え方はそのままだった。

ところが家康はそうした考え方を否定し、中央集権国家をつくりあげてしまったのである。つまり、領国は幕府から賜《たま》わったものであって、もし大名が失敗したり、幕府に反逆した場合、没収されるものになった。いいかえれば、大名の改易《かいえき》や転封《てんぽう》は家康の意のままになったのだ。

将軍の権力は絶対だったが、豊臣家についてはすぐに手をつけることができずにいた。

## 秀頼の官位は将軍秀忠より上位

秀頼を当主とする豊臣家は、関ケ原の戦後処理で、領地は摂津《せっつ》（大阪府北部、兵庫県東部）、河内《かわち》（大阪府東部）、和泉《いずみ》（大阪府南部）の三か国、六十五万七千石となった。それ以前には、二百万石あったのだから、大幅な削減である。

この結果、「豊臣家は一大名家に転落した」などと解説されることが多い。たしかに石高を見れば、そうとも思える。

だが、豊臣家は関ヶ原の戦いで敗れたとはいえ、豊臣家の権威的な地位は持続されていたし、豊臣家を公儀《こうぎ》とする体制がなくなってはいない。これが大名たちの共通の認識であった。

ひらたくいえば、秀吉がつくりあげた政治の枠組みは、そのまま継承されている、と考えていたわけだ。家康は、豊臣公儀体制のもとで大老として、幼い秀頼の補佐官をつとめていた。

じつをいうと、東軍の大将だった家康が実際に戦った相手は、豊臣秀頼ではない。西軍の主将毛利輝元《もうりてるもと》であり、西軍指揮官の石田三成であった。したがって、西軍を破ったものの、徳川と豊臣との戦いとして結着しなかったのである。

戦後すぐ慶長五年（一六〇〇）九月二十四日、毛利輝元が大坂城を退去し、代わって家康が二十七日、大坂城西の丸に入った。しかし、家康は勝者として振る舞うのではなく、秀頼には臣下の礼を尽くした。諸大名も秀頼へ礼をしたのち、家康を訪れて礼をするという具合だった。

家康は、豊臣家にたいして厚く優遇したし、重んじていた。しかしながら、豊臣と徳川との協調政権をつくるという構想を大事に思っていても、実現する可能性は乏しく、所詮、それは絵に描いた餅《もち》にすぎない、と悟《さと》るようになった。

現実的な政権というか、体制のあり方を考えておく必要がある。それが家康の結論だった。とはいえ、武力をもって秀頼を倒し、豊臣家をつぶすことは、いくら関ヶ原の戦いで勝利した家康でも、おいそれとできることではなかった。

ところで豊臣政権が安定していたのは、武家官位制を利用したからである。秀吉は従三位権大納言《ごんだいなごん》、従一位関白太政大臣《だいじょうだいじん》と、官位制の頂点に上り詰めた。その後、関白は甥の秀次《ひでつぐ》に譲ったが、太政大臣座は死ぬまで手放さなかった。その一方、ライバルの徳川家康は、正二位内大臣であり、秀吉の官位を追い越すことはなかった。

わかりやすくいえば、秀吉は官位制を積極的に利用し、この官位制によって武家を身分的に統合しようとしたのである。しかも、秀吉自身、その頂点に立った。

もともと武家は武力で覇《は》を競うものだったが、秀吉は天正十二年（一五八四）、小牧《こまき》（愛知県小牧市）、長久手《ながくて》（日進町）の戦いで家康に大敗を喫《きっ》した。政治的な妥協で講和に持ち込んだものの、秀吉としては家康を服従させることができず、悔しい思いをしたにちがいない。

そこで秀吉は、自分の優位性を明確にするために、天皇の権利を利用したわけである。天正十六年（一五八八）には、秀吉は後陽成《ごようぜい》天皇の聚楽第行幸《じゅらくだいぎょうこう》を利用し、諸大名に関白の命令にたいして服従を誓う起請文《きしょうもん》を提出させた。こうして秀吉の支配体制が強化されたのである。

家康が関白にこだわったのは、そうした背景があったからだ。家康は関白にはなれなかったが、征夷大将軍《せいいたいしょうぐん》になることができた。

慶長八年（一六〇三）二月十二日のことだが、家康は伏見城で征夷大将軍に任命されたのである。前年に関ヶ原の戦いの戦後処分が終わっていたから、前途が開けたような晴れやかな気分になっていただろう。

先にもふれたように、家康は豊臣政権の代理者、秀頼の補佐官という枠内にとどまっていた。しかし、征夷大将軍という関白にかわる権威を手にして、豊臣政権という枠を超えることができた。こうして家康は、江戸に幕府を開いたのである。

それでも家康は、秀頼を無視しなかった。たとえば、秀頼の官位は、慶長六年（一六〇一）、九歳のとき、従二位権中納言だった。

慶長八年、家康が征夷大将軍になったとき、秀頼を大納言から内大臣へ昇進させている。さらに慶長十年（一六〇五）、秀忠に将軍職を譲ったときには、秀頼を右大臣へ昇進させた。

この時点で、秀頼は家康と同格だった。秀忠は征夷大将軍だが、官位は内大臣なので、官位では秀頼が上位に立ったことになる。

いずれにせよ、内大臣、右大臣というのは、関白につくための条件だから、秀頼は関白になることのできる有資格者だった。

## 千姫を秀頼に嫁がせた家康の真意

豊臣家は、関ヶ原の戦いで敗れたとはいえ、日本最大の要害《ようがい》といわれる大坂城があるし、秀吉が遺した富も莫大だ。秀吉恩顧の大名も多い。その上、淀殿《よどどの》をはじめ、豊臣方は政権の回復を期待している。あくまでも家康を旧家臣とみて、いずれは天下の政権を返還してもらえる、と思っていたのだ。

いずれにせよ、政権を安定させ、維持しつづけるには、平和なことが一番である。家康にとっても、豊臣家との関係が良好であることが望ましい。だが、現実はきびしい。慶長八年（一六〇三）、家康は将軍に就任したとき、秀吉恩顧《おんこ》の諸大名のなかには反発する者や警戒心をつのらせる者が多かった。

家康は、そうした警戒心を取り除き、豊臣家への融和策として、孫の千姫《せんひめ》を秀頼に嫁がせた。両家の結びつきが強くなるのではないか、という期待もあった。

じつをいうと、この結婚は五年前、秀吉と家康とのあいだで約束されたものだった。慶長三年（一五九八）八月、秀吉は遺言の覚書として、つぎのように書き残している。

「千姫を秀頼の妻にもらうことにした。家康は祖父という立場で、秀頼を取り立てるよう、くれぐれも頼む」

さらに秀吉は、徳川家康、前田利家、宇喜多秀家、上杉景勝、毛利輝元の五大老を死の床に呼び、大老筆頭の家康を秀頼の政務代行に任じた。このとき、秀頼と千姫との婚儀についても念を押し、家康も約束を誓ったのである。

家康はそのことを思い出し、秀吉との約束を実行に移したのだ。一般的にいって、当時は政略結婚が主流だし、それによって同盟関係を結ぶという意味を持っていた。家康もそれを期待して、千姫と秀頼との結婚をすすめた。

慶長八年七月二十八日、二人の婚儀は大坂城で催された。秀頼十一歳、千姫は七歳である。千姫の母は淀殿の妹江《ごう》だから、いとこ同士の結婚だった。

この日の早朝、花嫁一行は伏見城を出て、豪華に飾った御座船《ござぶね》に乗り、淀川を下って大坂城へ向かった。多くの船が供をし、両側には前田利長をはじめ、諸大名の兵たちが厳重な警固をしている。

大坂城では篝火《かがりび》を焚き、花嫁一行を迎える準備を整えていた。沿道は、花嫁の行列を見物しようとする人びとで埋め尽くされた。千姫の一行が大坂城へ入ったのは夕方だが、婚礼は宵《よい》から夜にかけて盛大につづけられた。

豊臣家と徳川家との関係が友好的に見える華やかな行事だったが、家康は他の大名とは異なるものの、豊臣家を特別な大名家として扱うつもりはない。天下の政権を返すなど考えてもいなかった。ところが、淀殿にしてみれば、「徳川の風下にいるなど、とんでもないこと」と思っていた。

家康の天下普請《てんかぶしん》が計画されたのは慶長九年（一六〇四）、江戸城の普請がはじまったのは、慶長十一年（一六〇六）三月一日のことである。

天下普請とは、将軍の命令のもと、諸大名が資金と人夫などを負担して行なった工事だ。慶長九年に計画が発表されたとき、西国大名ら二十八家と堺の豪商に石材の調達を命じていた。

本格的に普請がはじまると、三十二家の大名が動員に応じたが、豊臣秀頼は動員されなかった。むしろ、普請を差配する立場に置かれている。これは家康の配慮で、秀頼を孫娘の夫として優遇したわけだ。

## たくましく成長した秀頼と老いた家康

家康は慶長十年（一六〇五）四月十六日、将軍に就任してまだ二年しかたっていないというのに、二十七歳の子息秀忠に将軍職を譲った。あまりにも急な将軍職の譲渡である。家康の真意は、将軍職が徳川家の世襲《せしゅう》であること、すなわち徳川の永久政権を宣言することにあった。

淀殿をはじめとする豊臣方は政権の回復を期待し、秀頼が成長したときには、天下の政権を返還してもらえる、と思っていた。しかし、将軍職を秀忠に譲渡したことによって豊臣方の期待は打ち砕かれたのである。

家康は、だからといって豊臣家を潰《つぶ》すと思っていたわけではない。豊臣家には、政権回復などを考えず、別格の大名として徳川政権に協力してほしい、と思っていたのである。

江戸城を秀忠に明け渡し、家康は大御所《おおごしょ》として駿府《すんぷ》城（静岡市）に移り住む。こうした「二元政治」によって、秀忠に幕府の基礎を固めさせ、みずからは新しい政策を打ち出していったのである。

ところが、淀殿には、そうした家康のやり方に納得できなかった。秀忠が将軍になったとき、秀頼の官位を右大臣へと昇進させた。将軍秀忠の官位は内大臣だったから、官位では秀頼が上位になったのである。それでも淀殿にとっては、政権回復の道が閉ざされたことが悔しい。

五月には、秀忠の新将軍就任の祝賀会が催される。このとき、家康は秀頼に「舅《しゅうと》の祝儀に出て、新将軍と対面してはどうか」と要請した。秀頼十三歳、秀忠の長女で秀頼の妻千姫は九歳、舅の秀忠は二十七歳である。

これに反対したのは、淀殿だった。「いくら婿から舅への挨拶といっても、世間では秀頼が臣従《しんじゅう》を表明したと受け取るはず」と判断したのだ。淀殿は「強いてことを進めるならば、秀頼とともに自害する」と拒絶したという。

淀殿は、家康が二代将軍の座を秀忠に譲ったことを怒っていたのである。「秀頼が成人したときには、家康が天下の政権を豊臣家に戻すのが筋ではないか」というのが、淀殿のいいぶんだった。

さすがの家康も、これではあきらめざるをえない。家康と秀忠は伏見城で諸大名の祝賀を受けたが、豊臣家の使者は誰もこなかった。

しかし、その六年後の慶長十六年（一六一一）三月、家康はふたたび秀頼に上洛《じょうらく》を求めた。家康が後水尾《ごみずのお》天皇の即位式に参列するため、京へ赴《おもむ》く。そこで家康は「この機会に」と思ったのである。

前回の上洛要請から六年もたっているし、時代も変わっている。淀殿は「会いたければ大坂城へくるのが当然」といって拒んだが、豊臣家重臣の加藤清正、浅野幸長《あさのよしなが》らが説得したため、淀殿もやむなくそれを受け入れ、やっと家康との会見が実現した。

三月二十九日、会見の日、清正は万一に備え、懐中《かいちゅう》に短刀をしのばせ、秀頼に寄りそうほど用心していた。

家康は歓迎し、秀頼と対等の立場で会談しようといい、家康は秀頼に御成《おなり》の間上段に上がるよう勧めた。しかし、秀頼はそれを辞退し、下段に着座し、礼をしたという。家康が強く挨拶を求め、秀頼の臣従している姿を見せつけた、と考えられていたが、どうもちがっていたようだ。家康は本心から秀頼に気を遣っていたのである。

秀頼が上洛を拒否すれば、こんどは家康も武力を行使するかもしれない。事前にはそんな噂が流れたこともあり、豊臣家は危機感を抱いた。そのため、家康の要請に応じたとも考えられるが、無事に対面が終わって世間の人びとも戦いを避けることができたと安堵した。

家康の目の前に端座《たんざ》する十九歳の秀頼は、堂々として立派だった。それに比べると家康は七十歳だし、老い先が短い。家康は不安を抱いた、としても無理はない。

後水尾天皇の即位の礼が挙行されたのは四月十二日、天皇は十六歳だった。家康はこの日、在京の諸大名に服従の三か条の誓紙《せいし》を出させたが、秀頼は例外とされた。その三か条は、つぎのようなものだった。

「一、源頼朝《みなもとのよりとも》以来の武家の法を仰ぎ奉るべし、損益を考えて江戸の将軍家が出した御目録《おんもくろく》（諸法度《しょはっと》）をいよいよ堅く守るべき事

一、法度や上意《じょうい》に背《そむ》いた者を領内に隠しおかない事

一、それぞれの家中の侍、奉公人から反逆者、殺害者が出た場合、そのことを届け、たがいに召し抱えない事

右の条々、もし相背く場合は糾明《きゅうめい》し、厳罰に処するものなり」

翌慶長十七年（一六一二）一月十五日には、東国の大名にも同じように誓紙を将軍秀忠へ提出させている。この三か条は、のちの「武家諸法度」の先駆けをなすものだった。

家康は老い先を考え、さまざまな手を打っていた。

一方、豊臣家にとっては、思いがけない不運がつづく。

慶長十六年、秀頼が家康と対面したばかりだというのに、四月七日には、豊臣政権の重職を担っていた浅野長政が病気療養中、六十五歳で死去した。つづいて六月二十四日、豊臣家がもっとも頼りとする家臣の加藤清正が病死。五十歳だった。

慶長十八年(一六一三)八月二十五日には、浅野幸長が三十八歳で病死している。幸長は、清正とともに秀頼を警護して、家康と会見した二条城へ赴いた重臣である。

歳月の流れのなかで、豊臣家を支えてきた重臣たちが死去し、福島正則が残るだけとなった。大きな勢力と思えた豊臣家も、こうして次第にしぼんでいく。

## 鐘銘問題を解決する三条件

家康は、しだいに秀頼を意識するようになった。いまは安定しているとはいいがたいが、徳川家と豊臣家はかろうじて友好的な立場を保っている。しかし、家康としては自分の健康が唯一の頼りだった。秀頼がいくらすぐれた武将になろうが、自分が健康でありさえすれば、どんな難問でも乗り越えてみせる、という自信がある。

だが、秀頼は十九歳なのに、家康は七十歳だ。その自信がいつまでもつか。さすがの家康も不安に駆られることもあった。

そんなとき、家康の脳裡《のうり》をかすめるのは、豊臣家が政権の回復などという考えを二度と抱かないように、その持てる力を削ぎ落としておく必要があるのではないか、ということだった。

その後、慶長十九年（一六一四）七月二十六日、豊臣家を悩ませる問題が起きる。世にいう「方広寺《ほうこうじ》鐘銘《しょうめい》事件」である。

方広寺の大仏は秀吉が造営したものだが、慶長元年（一五九六）の大地震で倒壊してしまった。秀頼はこれを再建しようと発願し、慶長十九年四月、大仏や大梵《だいぼん》鐘《しょう》が完成。六日後には開眼《かいげん》供養《くよう》を行なうというときになって、家康が鐘銘の文言に関して苦情をつきつけ、式日の延期を命じてきたのだ。

苦情というのは、鐘に刻まれた「国家安康《こっかあんこう》」「君臣豊楽《くんしんほうらく》」の文字が、家康の名を引き裂いて呪い、豊臣家を君として楽しもうと読めるとして、難詰したのである。

これまで、この鐘銘事件が大坂の陣のきっかけになった、とされてきた。しかし、近年の研究では鐘銘事件が決戦の引金になったとするには根拠が弱いなど、見直しが進んでいる。

鐘銘を選定したのは東福寺《とうふくじ》（京都市東山区）の僧、文英清韓《ぶんえいせいかん》で、鐘銘が問題になったとき、弁明書を出した。それによると、「家康」の二文字を「隠し題」のように文章に織り込んだが、それは天下太平、万歳にわたる国家の長久を祈念する気持ちからだったという。

それに対して、「いささか軽率ではないか」とか、「呪詛《じゅそ》ではないか、と疑われてもやむをえない」などの意見もある。

秀頼の家老片桐且元《かたぎりかつもと》は徳川家との交渉役をつとめていたが、今回も豊臣家を代表して八月十三日、駿府城（静岡市）の家康に面会を求めたが、会うこともできず、側近の本多正純《ほんだまさずみ》、金地院崇伝《こんちいんすうでん》に詰問されるばかりだった。

且元は誠意を尽くして弁解し、和平への道を探ろうとしたが、正純や崇伝から聞かされた家康の態度は強硬で、なすすべもない。

そうした一方、淀殿も鐘銘問題を解決するため、側近の大蔵卿局《おおくらきょうのつぼね》を駿府城に派遣した。大蔵卿局は、秀頼の側近大野治長《おおのはるなが》の生母である。豊臣家の奥女中頭として采配を振るったが、さまざまな問題で徳川方との交渉にも当たった。

且元とは面会しなかった家康だが、大蔵卿局には会い、手厚くもてなした。大蔵卿局は女らしい言葉づかいだったが、家康のやり方を非難すると、さすがの家康もたじたじとなり、「豊臣家に対して異心はない」などと、理解ある態度を見せた。大坂城に帰ってそれぞれ報告したが、片桐且元と大蔵卿局とでは内容がまったくちがっていた。

片桐且元は、鐘銘問題を解決する方策として、つぎの三条件を秀頼と淀殿に示したのである。

一、秀頼が大坂城を明け渡して他国へ移る。

二、秀頼が駿府と江戸に参勤する。

三、淀殿を人質として江戸に差し出す。

且元が「家康の意向」として示したものだが、正純や崇伝から具体的に家康の意向が伝えられたわけではない。且元は、家康が何を考えているのか、あれこれと思いめぐらせ、推測した結果、出てきたものである。

しかし、秀頼と淀殿は三条件を拒んだ。大蔵卿局からは「家康に異心はない」、といっていたとの報告を受けていたから、且元が裏切ったのではないかと疑い、激怒した。側近のなかには、且元を暗殺する動きがあったし、「徳川と決戦をすべし」などという声まで出たほどだった。

且元は身の危険を感じて、十月一日、弟の貞隆《さだたか》や家臣とともに大坂城を退去。居城の摂津茨木《いばらき》城（大阪府茨木市）へ引き籠った。

家康は、そうした豊臣家の動きを知ると「もはや武力解決しかない」と決意。同じ十月一日、諸大名に大坂出陣を命じたのである。

鐘銘のことはともかく、片桐且元が「家康の意向」として淀殿、秀頼に示した三条件が、決戦を誘発する導火線になった、といっても過言ではない。

## 大坂城に駆けつけた牢人たち

豊臣方は、家康との対決を予感すると、諸大名の勧誘に動いた。

大坂城という難攻不落の名城があるとはいえ、大坂城を守り、さらには押し寄せてくるであろう徳川軍と、いかにして戦うか、ということになると、明らかに人材不足である。戦場の前線で指揮をとる大将はいないし、それによって動く兵も少ない。

そこで豊臣方では、かつての豊臣家に縁《ゆかり》のある諸大名にひそかに密書を届け、出陣を要請した。しかし、それに応じる者は一人もいなかった。

前田利家といえば、秀吉の没後、家康と並ぶ実力者として秀頼の守役をつとめた。

その利家も慶長四年（一五九九）、六十三歳で生涯を終えたが、それから十七年も過ぎている。その前田家からの返信がこうだった。

「亡父利家は大坂城に詰めて、秀頼公をお守りし、自分も関ヶ原では秀頼公に不都合なことをしておりません。これで故太閤様（秀吉）への恩返しは、十分すんだと思っております。その後は、徳川家のおかげで三国（加賀《かが》、能登《のと》、富山《とやま》）の太守になっており、その御奉公しか考えておりません」（『大坂御陣覚書』）

このことは、家康にも報告されたという。

時代は激変している。豊臣家にそのことを十分に理解している者はいなかった。逆にいうと、時流を正確に読むことができれば、大坂の陣を回避することも不可能ではなかったのである。

豊臣家は、関ヶ原の戦いに敗北し、石高は二百万石から六十五万石へと削減された。しかし、先に述べたように、官位では将軍秀忠が内大臣なのに、秀頼は右大臣と、上位である。まだまだ力を秘めているはずだった。しかし、豊臣家の重臣たちには死去した者が多く、徳川方との決戦という非常時を迎えつつあるのに、采配を振るう実力者が少なかった。

秀頼が呼びかけても、それに応じて大坂城に集まってくるのは、ほとんどが諸国の牢人《ろうにん》たちだった。島津家久《いえひさ》や福島正則らには救援を拒絶されてしまうし、すでに豊臣家はまとまりに欠けていた。

関ヶ原の戦いが終わって十四年、巷《ちまた》には多くの牢人があふれている。そうした状況のなかで、家康は慶長十九年（一六一四）十月一日、諸国の大名たちに「豊臣討伐のために出兵せよ」と命じた。

一方、秀頼も諸国に散っている秀吉恩顧の旧大名や牢人たちに書状を送り、呼び集めようとする。これに応じる旧大名はいなかったものの、牢人たちはつぎつぎに大坂城へ集まってきた。

そのなかで勇名が聞こえ、豊臣方も「大きな戦力になる」と期待を寄せていたのは、真田信繁をはじめ、毛利勝永《かつなが》、長宗我部盛親《ちょうそかべもりちか》らで、これを「三人衆」ともいう。

毛利勝永は、父の森勝信《もりかつのぶ》が秀吉の臣として仕え、やがて豊前小倉《ぶぜんこくら》（福岡県北九州市）十五万石の大名となった。このとき、姓を毛利と改めている。子の勝永も四万石の大名だったが、関ヶ原の戦いで敗北、領地を取り上げられ、土佐《とさ》（高知県）の山内一豊《やまのうちかずとよ》預かりとなった。

やがて父勝信が病没。その三年後、慶長十九年十月のある日、秀頼の家来が旧領小倉の商人と称して勝永に近づき、大坂城で牢人を集めていることを伝えた。それ

を聞いた勝永は、

「豊臣家から受けた恩に報いるときが到来した」

と、喜び、大坂城へ駆けつけようと決意した。

だが、勝永は預かりの身である。山内家の監視はきびしい。勝永は、その監視の眼をくぐり抜け、大坂城へ馳せ参じたのである。

長宗我部盛親は、土佐二十三万石の大名だったが、関ヶ原の戦いで西軍について敗れた。家康の怒りを買って誅伐を命じられたものの、井伊直政《いいなおまさ》の周旋《あっせん》で死は免ぜられる。その後は牢人として京都に住み、寺子屋の師匠をしていた。

やがて、豊臣方の牢人募集を知ると、盛親は自分を監視していた京都所司代の板倉勝重《いたくらかつしげ》に面会を求め、こう述べたのである。

「かねてから、このような戦《いくさ》がはじまったときには、紀州《きしゅう》の浅野長晟《ながあきら》と一緒に戦う約束をしている。それゆえ、浅野長晟の軍勢の一人として戦いたい。紀州へ参じることを許していただきたい」

浅野長晟の軍勢として戦うとは、東軍として戦うということだ。板倉勝重は、それを許した。盛親は、勝重を欺《あざむ》き、大坂へ向かったのである。

盛親が家を出ると、どこで聞きつけたのか、しだいに武装した男たちが増え、伏見まできたときには、千騎になっていたという。

この「三人衆」に後藤基次《ごとうもとつぐ》（通称・又兵衛《またべえ》）、明石全登《あかしてるずみ》を加え、「五人衆」と呼ぶこともある。

黒田長政の家臣であった後藤基次は槍の名手で、関ヶ原の戦いでは東軍として活躍。筑前小隈城《ちくぜんおぐま》（福岡県嘉麻市《かま》）一万六千石を得たが、その後、長政と対立し、牢人となった。勇猛な武将として知られ、大坂城に入ってからは秀頼からも信頼された。

明石全登は掃部《かもん》とも称す。敬虔《けいけん》なキリシタンで、洗礼名はジョアン。かつて宇喜多秀家の家臣だったが、関ヶ原の戦いで敗れたため、牢人となって京都で暮らしていた。主君の秀家は流刑となっている。秀頼が牢人を募集したとき、一番乗りで大坂城に入った、といわれている。

## 九度山から脱出した信繁

慶長十九年（一六一四）十月、徳川方との武力衝突を覚悟した豊臣秀頼は、信繁を招聘《しょうへい》するために動く。

秀頼の側近は大野治長だが、治長からの密使がひそかに九度山村の信繁のもとを訪ねてきたのだ。

信繁は長い蟄居生活に疲れ、急に老け込んだ。しかし、知謀《ちぼう》の巧みな真田家の三代目としての名声はまだ人びとの記憶に残っている。徳川の大軍を上田城（長野県上田市）で打ち破った真田昌幸と信繁父子の巧みな戦術について、伝説のように語る人も少なくなかった。

家康を打倒するのに大きな切札となる。豊臣方には、そのような期待があったのだろう。

「近々、徳川と豊臣の激突がある。ぜひ助力を請《こ》う」

密使は単刀直入《たんとうちょくにゅう》にいった。支度金は黄金二百枚、銀三十貫。信繁は、あれこれと考えるまもなく快諾した。

「喜んで加えてもらう」

信繁は、すでに四十五歳。この機会を逃したなら、蟄居生活はまだつづき、武将としての働き場所を得るのはむずかしい。

そうした思いがあった。それに豊臣家には、父以来の恩顧がある。ここで恩に報いなければ、九度山で病死した父昌幸の無念を晴らすことができない。それにも増して、九度山での困窮した暮らしから解放される、という大きな喜びがある。豊臣方として、ふたたび戦場に立てることを思うと、気持ちが高ぶってくる。

一説によると、「信繁は五十万石の大名の座を約束され、約六千の軍勢の指揮官として大坂城に入ることになった」という。秀頼の軍勢が家康軍を圧倒し、天下をものにすることができれば、五十万石の恩賞などたやすいことだ。

しかし、このときの状況では「五十万石を与える」といわれても現実味は薄い。夢か幻のようなものだが、「豊臣家のために働く」と決めた信繁には、恩賞などさほど問題ではなかった。

さっそく準備にとりかかり、十月九日に九度山を脱出し、大坂城へ向かった。

とはいえ、信繁が一人で大坂城へ赴いたわけではない。

家族だけでも妻（大谷吉継《おおたによしつぐ》の娘）と子の大助《だいすけ》、うめ、あぐり、かね、しょう、大八《だいはち》、もう一人の妻（高梨内記《たかなしないき》の娘）と子のいち、別の妻（三好秀次《みよしひでつぐ》の娘）と子のなほ、などがいた。ほかに家臣の高梨内記、青柳清庵《あおやぎせいあん》、三井豊前《みついぶぜん》らもいる。総勢数十人とされるから、気づかれないように村を離れるのは容易なことではなかった。

それまでは、割と平穏だったから、紀伊の国主浅野家も昌幸や信繁の動向に神経をとがらせていたわけではない。しかし、徳川と豊臣との対立が激しくなると、信繁はどう動くのか、警戒するようになった。

浅野家では、地元の関係者にたいして、「真田信繁が大坂へ駆け込むこともある。油断なく目を光らせるように」と命じたほどだった。しかし、信繁は長年、九度山村に住みつづけているだけに、親しくなった村人もいるし、村人のなかに同情する者もいた。つまり、信繁が脱出する隙もあったということだ。

それはともかく、脱出の状況については諸説がある。

たとえば、信繁が「日ごろ世話になっているので、そのお礼に」といって、村人たちを屋敷に招いた。盛大に酒を振る舞い、酒宴は深夜におよぶ。信繁は、村人たちが酔いつぶれたのを見計らい、馬を奪って脱出。馬に荷物を負わせ、弓や鉄砲を持った男たちが大坂をめざした。

村人たちの酔いが醒《さ》めたときには、行方がわからなくなっていたという。だが、信繁は経済的に困窮していたはずだから、どのようにして深夜におよぶような酒宴を開くことができたのか、という疑問が残る。

もう一つ、「亥《い》の子餅《こもち》」に便乗して村から抜け出した、という説もある。「亥の子の祝」といって、陰暦十月の亥猪《げんちょ》の日（八日）に万病を除く効果があるとして、亥の子餅を食べる行事があった。

信繁は、高野山《こうやさん》の宿坊《しゅくぼう》で亥の子餅を振る舞い、碁《ご》を打っていた。そこに高野聖《ひじり》（勧進《かんじん》のために諸国をめぐる高野山の僧）が戻ってきて、徳川方と豊臣方とが激しく対立し、いまにも戦がはじまるのではないか、と話し出した。

「わたしも牢人でなければ大坂城に籠城《ろうじょう》するところだが、こうして餅を食べ、碁を打っていられるとは、なんと楽しいことか」

信繁はそういって、戦にはなんの関係もない、という態度をとった。

まもなく信繁は、厠《かわや》にいく振りをして席を立つ。信繁はひそかに家臣と準備の打ち合わせをすると、九度山を出発し、夜明け前には大坂に着いたという。じつに素早い行動力だった。

さらに、昌幸の八回忌にあたることから、法要を営む。そうして監視の眼を欺《あざむ》いて準備を整え、脱出した、という説もある。

脱出ルートについても、二つの説がある。

一つは九度山から紀見《きみ》峠を越え、河内（大阪府東部）を北上、摂津から大坂城へ向かった、という説。

もう一つは紀ノ川を船で下り、岩出《いわで》から陸を進み、風吹《かざふき》峠を越えたあと、和泉《いずみ》（大阪府南部）の貝塚、岸和田《きしわだ》を経て、摂津から大坂城へという説である。

いずれにせよ、信繁ら一行が苦心の末、九度山村を脱出したことはまちがいない。伝えられる脱出の状況やルートは、苦心したことの反映だろう。

この年、信繁は四十五歳である。働き盛りの壮年期のはずだが、信繁は十四年間もなんの希望を持てない蟄居生活を余儀なくされていたのだ。体力はまちがいなく落ちた。

三年前には、亡くなった父昌幸を見送っている。しかし、武将として何もしないまま九度山で生涯を終えるのかと思うと、なんともむなしい。なんのために生まれてきたのか、と自問する日が多かったのではないだろうか。

そこに秀頼からの誘いがきて、信繁は「恩を受けた豊臣家のために自分のできることがあるのだ」と知らされ、内心、欣喜雀躍《きんきじゃくやく》した。

信繁が厳重な監視網をくぐり抜け、新たにやるべきことを求めて九度山を脱出したのは十月九日のことだった。

## 信繁の大坂入城と家康の衝撃

信繁は九度山村からの脱出に成功し、大坂に到着した。そのときの軍勢は、一説によると、約六千の軍勢をひきいていたという。そのほか、三百人とか百五十人などの説もあるが、このあたりが妥当な数字とされている。

大坂に姿を現わした信繁は、剃髪《ていはつ》した山伏《やまぶし》の姿に変装し、ひそかに大野治長の屋敷を訪れた。治長は大坂城に登城して留守だったが、門番は番所の脇に連れていき、

「ここで主人が帰宅するのを待つがよい」といった。

大野家の若い侍たちは、ひまを持てあましていたのか、山伏姿の信繁をからかいはじめた。刀の話になり、信繁にも声をかけてきたのである。

「御坊の刀を見せてもらえまいか。目利《めき》きをして進《しん》ぜよう」

「わたしの刀は、犬脅《いぬおど》しですから、たいしたものではありませぬ」

信繁は、遠慮がちにそういったが、若侍はなおも促《うなが》す。信繁はやむなく刀を差し出すと、侍はそれを受け取り、すらりと抜いた。光沢がいいし、形もよく、なんともいえない魅力があって圧倒される。

侍たちは「見事だ」といったきり、ことばがつづかない。信繁の了解を得て、中子《なかご》を見せてもらった。「中子」とは刀身の柄《つか》に入った部分である。そこに銘《めい》を切ってあるが、刀には正宗《まさむね》、脇差《わきざし》には貞宗《さだむね》とあった。

いずれも名刀である。侍たちは、内心「これほどの名刀を持っているとは、ただ

者ではあるまい」と、不審に思った。そこに主人の治長が帰ってきて、信繁であることに気づくと、喜色満面《きしょくまんめん》、深々と頭を下げる挨拶をした。

「お越し下さるとは聞いていましたが、早々のおいでに大満足。これ以上の喜びはありません。秀頼様のお耳に、すぐにでも入れます」

治長は大坂城の秀頼に使いを出すと、信繁を屋敷の書院に案内し、もてなした。

その後、信繁は大野家の若侍に会うと、「刀の目利きは上達したか」といってからかった。これは『武林雑話《ぶりんざつわ》』などに紹介されている話だが、信繁には多くの人びとが慕い、ついてきたのだから、そうしたユーモアのセンスを持っていたのだろう。しかし、作り話かもしれない、という説もある。

「真田信繁が大坂に入った」との報せは、すぐさま家康のもとにも届いた。大坂城をいかに攻略すべきか。家康はむずかしい状況を考えながら、大坂城の包囲網を構想していただけに、その報せには大きな衝撃を受けた。

おどろいた家康は、そのまま報せにきた者に近づき、

「真田が籠城したというのか。それは親（昌幸）か、子（信繁）か、どちらだ」

とたしかめた。

家康は戸に手をかけていたが、手がふるえ、戸ががたがたと、音をたてたという。

家康にとって、真田は恐るべき相手だったのだ。報せた者がそれに答える。
「父親は、すでに病死しております。籠城したのは、せがれのほうです」
昌幸が病死したことは家康が知らないはずはない。よほど動転していたのだろうか。家康は、それを聞いて安堵《あんど》した。息子の信繁なら、さほど恐れるに足らない、と思ったようだった。これは『幸村君伝記』や『仰応貴録』などに紹介されている話だ。

しかし、家康がふるえたのは、真田を恐れたのではなく、真田が恩義を忘却したことに怒ったからだ、という。

関ヶ原の戦いのあと、家康は最後まで抵抗した真田父子を誅殺《ちゅうさつ》しようと思ったのだが、徳川方として戦功をあげた長男の信之が助命《じょめい》を嘆願した。家康はそれを受け入れ、真田父子の命を助けた。

それなのに、大坂城に籠城し、いま徳川に牙《きば》を剥《む》こうとしている。家康には、それが許せなかったのだ、というのである。いずれにせよ、事態は東西決戦へと動いていた。

## 戦場にひるがえる真田の「六連銭」

真田家の旗印《はたじるし》といえば、有名な「六連銭《むつれんせん》」だが、一説によると、これは武田信玄《たけだしんげん》が真田幸隆《ゆきたか》（信繁の祖父）に与えたものだという。しかし、もともとは名族の海野《うんの》が使っていたものを、幸隆（幸綱《ゆきつな》）が受け継いだもの、と考えられている。

戦場では、真田の「六連銭」を染め抜いた旗印がひるがえっていた。

この「六連銭」というのは、一文銭を上下二列に三枚ずつ並べたデザインで、一般的には「六文銭《ろくもんせん》」といわれることが多い。独創的な旗印で、よく目立つ。勇敢に戦う真田勢のシンボルだが、これを掲げて進攻すると、相手の軍勢が怯んだという。

一文銭を六枚並べたのは、仏教で説く六つの生命状態、すなわち地獄、餓鬼《がき》、畜《ちく》生《しょう》、修羅《しゅら》、人、天にちなむ。衆生《しゅじょう》が迷っている生命を表わしている。

むかしは死人を葬《ほうむ》るとき、六文の銭を棺に入れるという習慣があったが、これを「六道銭《ろくどうせん》」と称した。棺に入れる理由として「三途《さんず》の川の渡し銭」というが、そのはじまりは「金属がもつ呪力《じゅりょく》で悪霊が近づくのを防ぐ」と考えられていたことによる。いまから考えると、たわいのない話だが、当時の人びとは疑いもしなかったのだろう。

このような「六連銭」を家紋《かもん》にしたのは、ただごとではない。どのような状況に置かれても、死をも恐れず、決死の覚悟で戦場にのぞむ、という意味をこめていたのである。

では、なぜ家紋を使うようになったのか。当時、家紋は主に陣幕《じんまく》に使われ、「幕紋」といわれた。

もともと家紋は、他家と識別するために家ごとに定めていたもので、平安中期、公家が好みの文様を衣服などにつけたのがはじまり、とされる。鎌倉初期になると、武家が旗指物《はたさしもの》の印として用い、敵味方を識別するようになった。

当初は、そのように敵味方を識別するだけだったが、やがて戦国たけなわとなると、勢威を示して味方の兵たちを奮いたたせる目的を持つようになった。その一方、敵を威嚇《いかく》するためにも盛んに使われた。

真田家のように銭を旗印にした例では、織田信長《おだのぶなが》の「永楽銭《えいらくせん》」がある。四角い穴のあいた一文銭で「永楽通宝《つうほう》」の文字を鋳込んだものだ。永楽銭は当時、もっとも広く使われていた通貨であり、信長自身、その永楽銭のような存在になりたい、との願いを込めたと思われる。

話は横道にそれたが、真田の「六連銭」は独自につくり出したものではなく、もともと海野家で使われていたという。海野家は信濃小県《ちいさがた》地方で古代から栄えていた一族だった。

真田家は、この海野家から分かれた一族で、海野棟綱《むねつな》の娘が真田頼昌《よりまさ》に嫁ぎ、二人のあいだに生まれた幸隆（幸綱）が信繁の祖父である。こうしたいきさつから真田家が「六連銭」を幕紋、すなわち家紋として使うようになった、と考えられている。

のちに詳しくふれるが、大坂夏の陣では、信繁が赤備えをし、真田勢をひきいて「六連銭」の旗をなびかせながら徳川本陣に突入している。近くにいた旗本《はたもと》たちは、それを見て恐れ、家康を見捨てて逃げ去ったという。

信繁の命がけの攻撃にあわてたこともあるが、「六連銭」の威力もなかなかのものだった。

## 家康が恐れた「太閤遺金」の存在

合戦には莫大な金銀が必要となる。人件費をはじめ、武器や火薬などにも費用がかかる。金銀の備蓄がなければ戦うことは不可能だった。しかし、豊臣家には、秀吉が遺した金銀があった。

この「太閤遺金《たいこういきん》」は、想像を絶する金額とされ、これがあったために、家康と決戦をかまえる段になって、十万余という牢人衆を雇い入れることができたのだ。

たとえば、真田信繁が大坂城へ入ったのは十日ごろだが、当座の手当てとして、秀頼から金二百枚、銀三十貫を受け取っていた。当時の「金一枚」は十両だから、金は二千両、銀は約五百三十両になる、とされる。

慶長十九年（一六一四）十月一日、豊臣秀頼の家老で、徳川方との交渉を担当していた片桐且元は、先に述べたように鐘銘問題をめぐって豊臣方から「裏切ったのではないか」との疑いをかけられ、やむなく大坂城を退去した。

こうなると、豊臣方も徳川との決戦を覚悟せざるをえない。そこで翌二日からは、公然と将兵の雇い入れをはじめた。当時、巷には関ヶ原の戦いなどで敗れ、牢人衆があふれていたのである。

そのように主家を失った牢人たちは、大坂城で金銀を手渡して兵を募集しているとの噂を聞き、押しかけてきた。「いい稼ぎになる」といって町人や百姓が応募してくるほどだった。

さらに豊臣方では、兵糧《ひょうろう》の入手にも力を入れた。まず、諸大名が大坂に保管していた米を大坂城に運び入れたほか、各地から米や大豆などの食糧を片っ端から買い入れたのである。

京都所司代の板倉勝重《いたくらかつしげ》は、駿府の家康に急いで報せている。

「六、七日、長宗我部盛親、後藤又兵衛（基次）、仙石豊前守《せんごくぶぜんのかみ》、明石全登《あかしてるずみ》、松浦弥左衛門《まつうらやざえもん》、そのほか名の知れぬ牢人千余人が金銀を受け取って籠城し、抱え置かれている」（『駿府記』）

徳川方もあわてていたようだが、豊臣方で名立たる武将はそれほど多くはなかった。しかし、豊臣方には「太閤遺金」にものをいわせて牢人衆を集めているのが気になるところだった。

籠城する兵の数も多い。『大坂陣山口休庵咄』によれば、籠城兵の総数は十二、三万だったという。そのうち、馬を与えられた者は一万二千、徒侍《かちざむらい》が約六万、雑兵《ぞうひょう》は約五万。さらに本丸には、女中が約一万いて、日常的なことなど、籠城生活を支えていたようだ。

牢人に手渡された金銀は「馬上一騎につき黄金二枚相当の竹流し二本《たけなが》」だったという。「竹流し」というのは、縦割りにした竹筒に溶かした金塊を流し込み、固めたもので、ほかに「分銅金《ふんどうきん》」が使われていた。

分銅金は、一般的な通貨でなく、秤《はかり》に使う分銅の形に鋳造した金塊で、秀吉が万一のことを考え、大坂城に備蓄しておいたのである。分銅金の重量は、大判一枚（量目十両、四十四匁＝約百六十五グラム）を基準に、「千枚分銅金」「二千枚分銅金」などがあった。

千枚分銅金は大判千枚に相当し、これをつぶすと大判を千枚つくることができた。一個の重さは約四十四貫（約百六十五キロ）になる。分銅金は重いから盗まれる心配はないし、経済変動などがあれば、これを鎔《と》かして通貨につくりかえることができた。秀吉の経済感覚は、すぐれていた。

秀吉が生前、秀頼に宛てた大坂城の金銀目録によると、黄金九万枚、銀十六万枚があったという。また、死去したとき、分銅金もかなりの量があったようだ。

徳川家康にしてみれば、せっかく天下を統一したというのに、なにか火種をかかえているようで落ち着かない。莫大な資金力があれば、かなりのことができるはずだ。徳川に牙を剝かない、ともかぎらない。

家康は、用心のため豊臣方の財政を疲弊《ひへい》させる策を練《ね》る。秀吉が生前、豊臣家の安泰を願って建立した方広寺大仏殿が慶長元年（一五九六）、畿内を襲った大地震によって倒壊した。二年後に秀吉が死去したこともあって、方広寺大仏殿はそのままになっていた。家康は秀頼に、その再興を勧めたのである。

秀頼はやむなく方広寺大仏殿の再興に着手する。秀吉の遺した分銅金を使って、まず中国から大量の銅を買い入れた。

再興費用は千枚分銅金十三個、二千枚分銅金十五個、合計千八百九十二貫（約七トン）といわれる。秀頼は五代目後藤祐乗《ゆうじょう》に命じ、この分銅金で大判四万五千枚をつくり、費用にしたのだ。

秀吉がせっかく知恵を働かせ、分銅金で備蓄していたのに、家康の企みによって秀頼は使わざるをえなかった、ともいえる。

こうして方広寺大仏殿の再興工事は進んだ。ところが、落慶法要《らくけいほうよう》を六日後にひかえた慶長十九年（一六一四）七月二十六日、家康は鐘に刻まれた「国家安康」という銘に難くせをつけてきたのである。

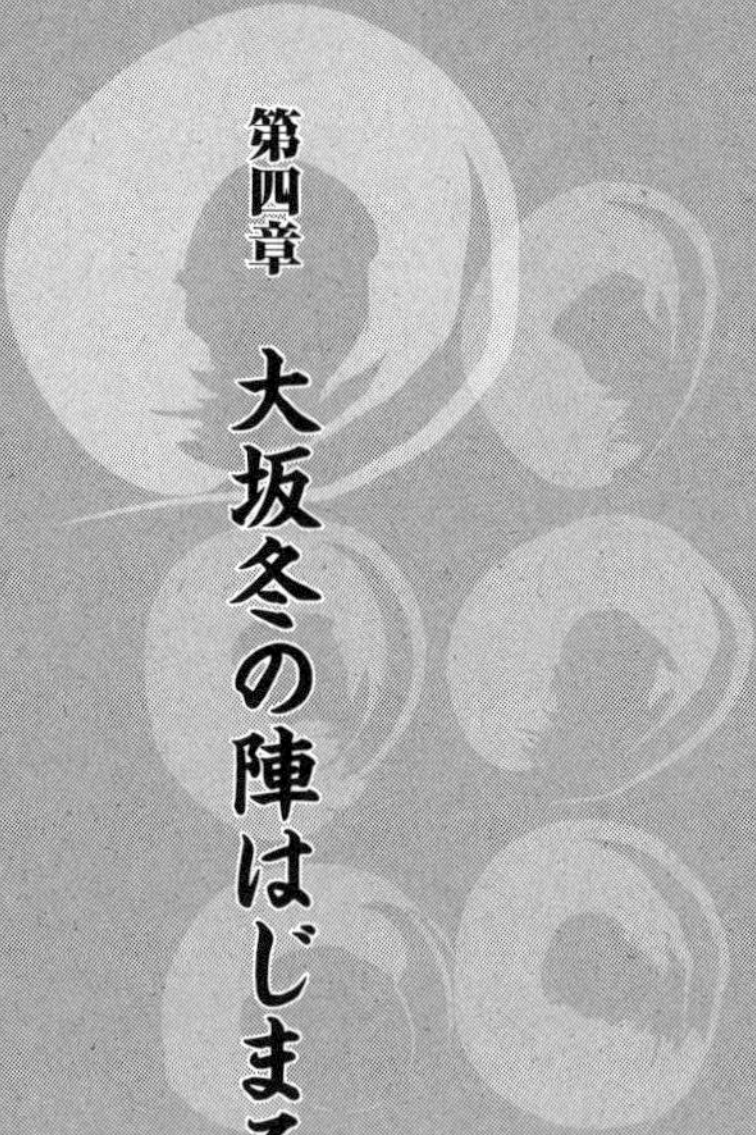

第四章

# 大坂冬の陣はじまる

## 家康の本陣、茶臼山に

徳川家康《とくがわいえやす》が諸大名に大坂出陣を命じたのは、慶長十九年（一六一四）十月一日のことだった。武力によって豊臣《とよとみ》家を制圧しようと決断したのである。

家康は、これまであの手この手を繰り出し、豊臣家を懐柔《かいじゅう》しようとした。しかし、淀殿《よどどの》には、家康の考えがわからない。秀吉《ひでよし》が苦労を重ねて天下人となり、豊臣政権を樹立したのに、なぜいまになって徳川家に臣従《しんじゅう》しなければならないのか、理解に苦しむ。家康が理不尽ないいがかりをつけていることに不快感が募るが、事態が険悪になり、決戦が避けられないかもしれない——。そのように心を決めた。

一方、家康が駿府《すんぷ》城（静岡市）を進発したのは、十日後の十月十一日である。途中、鷹狩りをしたりして、十月二十三日には京に入った。当初、四百数十人の手勢をひきいていただけだったが、西へ進むにつれて人馬が増え、京に着いたときにはおどろくほどの人数になっていたという。

家康は、さっそく二条城で軍議を開く。すでに大坂城を包囲し、討滅するという腹は決まっていたが、それは大坂城を灰燼《かいじん》にしてしまうということではない。

むろん、どのような戦略家であろうとも、難攻不落《なんこうふらく》の名城といわれた大坂城を落とすのは、容易なことではないはずだ。家康もそれを承知している。だから頭を使う。

大軍を動員して、大坂城周辺の砦《どりで》などを一つずつ攻略しながら、諸大名の軍勢で大坂城包囲網をつくりあげる。そのうえで、和睦《わぼく》に持ち込む。家康は、そう考えていたのではないだろうか。

家康が二条城へ入った十月二十三日、将軍秀忠《ひでただ》は六万の大軍をひきいて江戸城から進発。その後、十一月十五日には、摂津枚方《せっつひらかた》（大阪府枚方市）に着陣した。大坂城はもうすぐだ。

伊達政宗《だてまさむね》、上杉景勝《うえすぎかげかつ》、佐竹義宣《さたけよしのぶ》らの東国大名は、秀忠の軍勢に同行する。藤堂高虎《とうどうたかとら》は山城の木津《きづ》（京都府木津川市）から大和《やまと》へ入り、大和国内の諸大名とともに和泉の大仙《だいせん》古墳（大阪府堺市）あたりに布陣した。そのほか多くの諸大名が畿内へ移動していく。大坂方面にいる大名たちは、そのまま大坂へとどまったが、大坂周辺はかなりの人数でふくれあがった。

それにしても家康は、手を打つのが早い。

大坂城は上町台地に築かれていたが、惣構《そうがまえ》（外郭）は広大で、面積は四百万平方キロ以上。そこに本丸をはじめ、二の丸、三の丸を構え、内堀、外堀がある。周囲には川の流れも多く、これを破って本丸に迫るのは困難だ。

家康は片桐且元《かたぎりかつもと》らに命じて、堀の深さやどこから攻めたらいいのかなど、絵図面にして説明させた。さらに大工頭の中井《なかい》大和には、城中図面をつくらせたが、いずれも十一月四日のことだった。大坂城の状況を具体的に把握したうえで、作戦を考えようとしたのである。

こうして十一月十七日、家康は住吉《すみよし》に進み、ここに陣所を置いた。大砲や鉄砲、弾薬などの武器、食糧を買い集めたが、これに尽力したのは堺の豪商今井宗薫《いまいそうくん》だった。翌十八日には、秀忠とともに茶臼山《ちゃうすやま》（大阪市天王寺区）で軍議を開き、大坂城攻略の作戦を練った。

茶臼山からは大坂城を望むことができた。三方を川に囲まれ、南側だけに平野が広がっている。ここなら大軍を展開するのも不可能ではない。しかし、大坂城をよく見ると、たとえ外郭を突破することができても、さらに内郭を越えて軍勢を進めるのはむずかしい。そのことが痛いほどよくわかった。

家康は、改めて「大坂城を隙間なく包囲し、持久戦に持ち込むのが最善の方策」と結論づけた。むろん、いつまでも持久戦をつづけるつもりはない。戦いながら調略をめぐらせ、和睦への道を探るのだ。

十二月六日、この茶臼山に徳川軍の本陣が置かれた。

## 「籠城では勝てない」

慶長十九年（一六一四）十月のある日、豊臣方の諸将は大坂城内で、近々はじまる徳川方との決戦に備え、軍議を開いた。

「徳川勢をどのように迎え撃ち、勝利するか」

これが最大の議題である。発言の口火を切ったのは、大野治長《おおのはるなが》である。

慶長五年（一六〇〇）九月十五日、天下を争った関ヶ原の戦いでは、家康の出馬が遅かったとして、治長は「家康はもともと臆病《おくびょう》な大将だ」と、小馬鹿にしながらこう述べた。

「豊臣方が蜂起《ほうき》したと聞けば、仰天して兵を動かさず、様子をうかがうにちがいない。その隙に茨木《いばらき》城（大阪府茨木市）を攻め落とし、この城で徳川勢を迎え撃つ。さらに京都へ攻め上り、洛中《らくちゅう》を焼き払い、京都所司代《しょしだい》の板倉勝重《いたくらかつしげ》を討ち取る。そのあと、周辺の城を攻略すれば、猛威におそれて、徳川方の大名たちは豊臣方にしたがうだろう」

大野治長といえば、母の大蔵 卿 局《おおくらきょうのつぼね》は秀吉の側室である淀殿《よどどの》の乳母《めのと》である。治長も母と一緒に秀吉に仕えた。秀吉の死後、秀頼に仕え、死守を誓っていた。籠城を主張していたが、大坂城を守るために、茨木城を攻略し、京都を支配するという積極的な考えも持っていた。

治長は、家康を「臆病な大将」といったが、家康はただ慎重というか、用心深かっただけである。実戦の経験といえば、家康のほうが治長よりはるかに多くの場数を踏んでいる。家康の本当の姿を読み切れなかったようだ。

信繁は、すぐに意見を述べた。

「治長どのの意見は、もっとものように聞こえるが、粗雑な見方でしかない。家康を臆病な大将というが、関ヶ原の戦いは、天下の大名が東西に分かれて戦った。しかし、家康の軍勢にも石田三成《いしだみつなり》に同心した大名も多く、迷って様子を見ている者もいた。それゆえ、家康は進発を引き延ばしていただけで、臆病なのではない。

それにくらべると、今回の戦《いくさ》は、諸国の大名たちが両将軍（家康・秀忠）に帰服《きふく》し、信頼を寄せているから、家康は素早い行動をするにちがいない。それなのに、こちらがゆっくりとしていては、家康の軍勢が宇治《うじ》（京都府宇治市）、瀬田《せた》（滋賀県大津市）を越え、敵の思うようになる。それでは、敵に気を呑まれ、合戦に勝つことなど、むずかしくなるだろう。よくよく考えるべきだ」

信繁は、『史記《しき》』にある兵法の「先んずれば人を制す」を引いて、先手を打つことの重要性を主張した。「先手を打って積極的に攻めるべきだ」という信繁の考えに賛同する声もあったが、むろん反対する者もいた。激しい議論がつづいた。

その議論に割って入ったのが後藤基次《ごとうもとつぐ》（又兵衛《またべえ》）である。後藤基次は、福岡黒田《くろだ》家の重臣だが、槍の名手としても知られていた。官兵衛《かんべえ》の腹心《ふくしん》として活躍し、名をあげたが、二代目の長政《ながまさ》とはそりが合わず、やむなく牢人《ろうにん》となった人物である。

「宇治、瀬田に軍勢をひきつれて赴き、石部《いしべ》（滋賀県甲賀市）の宿をすべて焼き払い、家康勢が動けないようにする」

基次は、威勢よくいった。

石部というのは、近江国水口《みなくち》（滋賀県甲賀市）と草津《くさつ》（滋賀県草津市）のあいだの宿駅で、東海道を東方から進む途中にある。ここを焼き払えば、徳川の軍勢が攻めてきても、利用できるものがなくなると計算していたのだ。

基次は「さらに橋を焼いて落とし、船を破壊すれば、敵も混乱して不安が募るのではないか」という。

「大和口《やまとぐち》へは明石全登《あかしてるずみ》（掃部《かもん》）、長宗我部盛親《ちょうそかべもりちか》らを派遣し、押さえとする。茨木城（大阪府茨木市）や大津《おおつ》城（滋賀県大津市）を攻略し、陣地を整備して敵を迎え撃つ。遠征してきた徳川勢は長旅で疲れ、戦意を喪失するのはまちがいない」

このような基次の作戦も、かなり楽観的なものだった。信繁と同様、「先手を打つ」という考えはいいとしても、緻密な戦略に欠けていた。

もう一つ、信繁が主張した重要な点は、

「大軍が一か所に集まって籠城するのではなく、機を見て外に打って出て敵を翻弄《ほんろう》し、小さな戦いを一つずつ勝っていく。これでこそ、全体の勝利を手に入れることができる」

と述べたことだった。

たしかに大軍が籠城していたのでは、戦いが長引き、矢とか銃弾などの兵器を消耗するから、その補充をどうするかが大きな問題となる。まして食糧が尽きると、事態は深刻である。生き延びるためには、降伏するか、裏切るしかない。

信繁の意見を聞いた大坂城の武将たちの多くは、同意した。「なんとしても勝ちたい」という思いが強ければ、勝てそうな戦略を支持したくなるものである。「勝敗は時の運」という言葉があるように、実際に戦ってみなければ、その勝敗はわからない。

武将のなかには、信繁と同じような思いに駆られる者が多かったようだ。

徳川と豊臣の決戦を前に、大坂城に参集したのは、信繁をはじめとする豊臣譜代の家臣三万、牢人衆が七万、計十万だった。

一方、家康陣営は、福島正則《ふくしままさのり》、黒田長政ら豊臣恩顧《おんこ》の大名は江戸にとどめ置かれたが、それ以外の大名は参陣している。計二十一万におよんだ。

徳川軍は、大坂城を取り囲むように散らばっているが、豊臣軍は大坂城へ結集している。こうして両軍とも開戦の準備は進んでいた。

## 軍議に加わっていた徳川方の密偵

大坂城の軍議には、小幡景憲《おばたかげのり》という武将も出ている。

先祖は武田《たけだ》家の家臣だったが、武田家が滅亡したのち、景憲は一時、家康に仕えていた。しかし、家康の勘気《かんき》をこうむり、京都に蟄居《ちっきょ》。やがて京都所司代の板倉勝重らに命じられ、ひそかに牢人衆として大坂城に入った。つまり、徳川方の密偵《みってい》である。

その任務は、当然ながら「大坂城での密議をさぐり、徳川方に報告すること」にあった。むろん、必要に応じて妨害工作もする。たとえば、軍議ですぐれた戦略が出たときには、それに反対してやめさせる、ということだ。

景憲は牢人ながら兵法に通じている、ということで、秀頼らも信頼していた。

信繁や基次の主張については、つぎのように反論している。

「源平《げんぺい》のむかしから宇治、瀬田に打って出て防戦する、というのは勝ったためしがない」

家康にたいする評価もまるでちがっている。景憲は、こういうのだ。

「家康は数多くの戦いですぐれた実力を発揮し、小勢で大軍を打ち破るなど、戦略家としても見事な指揮をとってきた。それに積極的に外へ打って出る野戦を得意としている。大野治長どのは、家康のことを〝噂を聞いておどろく臆病者〟といったが、家康はそのように器の小さな男ではない」

大津へ出陣するという策にしても、否定的だった。それは、将軍の上洛警備のため、京都所司代が忍びの者を派遣している、との噂が流れているからだ。

「そのようなところに兵を進めても、徳川勢の餌食《えじき》になるだけだろう。ここは打って出るのではなく、籠城して敵の動きを待つべきだ。よくよく検討すべきではないか」

信繁も、だまって景憲の意見を聞いていたわけではない。

「宇治、瀬田で防戦しても勝ったためしがない、というが、むかしと今とでは武器が異なるし、戦略も異なる。むかしは、太刀と弓矢だけで、いまのように鉄砲はなかった。どのような状況で戦うにしても、鉄砲ほどすぐれた兵器はない」

考えればわかるはずだが、治長らは、あくまでも大坂城に籠城して戦うことに固執した。そのため、結局は景憲の籠城説に賛成し、信繁の主張はしりぞけられたのである。

軍議の結論は「籠城」ということになった。

## 徳川軍に敗れた木津川口と博労淵の戦い

大坂冬の陣は慶長十九年（一六一四）十一月十九日未明、木津川口《きづかわ》で緒戦《しょせん》がはじまった。

木津川口というのは、木津川と尻無川《しりなし》とが合流する河口で、大坂城から海へ向かう途中の重要な地点だった。大坂城にとって、いわば海の玄関口である。

そのため砦を築いていたが、城のような規模で、大口径の鉄砲や石火矢《いしびや》（大砲）などを備えていた。もしも敵の軍船が木津川をさかのぼり、大坂城をめざす動きがあれば、この砦で阻む手はずだった。豊臣軍だけでなく、徳川軍にとっても重要な拠点になる。

木津川口の砦は、明石全登が八百の兵で固めていた。全登はキリシタンで、関ヶ原の戦いのとき、宇喜多秀家《うきたひでいえ》の部下として戦い、家康を悩ませた勇猛な武将だった。しかし、関ヶ原では敗れ、牢人として京都あたりにひそんでいたという。決戦が近いとあって、秀頼に招かれ、大坂城に入った。

ところが、十一月十九日は、全登が大坂城に出かけていて、砦にはいなかった。徳川家康の戦略としては、大坂城の周辺に付城《つけじろ》を築き、持久戦に持ち込み、じっくりと攻めるつもりだった。ところが、徳川軍の蜂須賀至鎮《はちすかよししげ》は全登が不在なのを知ると、抜け駆けで攻略にとりかかった。

約三千の軍勢を二手に分け、さらに四十隻の軍船を動かし、陸から攻める一方、木津川から奇襲をかけたのである。挟撃《きょうげき》された明石隊は全登が留守だったため、指揮系統が乱れて蜂須賀軍に反撃できなかった。

しかも、砦に火をつけられる。折からの北風にあおられ、砦は焼け落ちてしまった。ついにはじまった豊臣と徳川の決戦の幕開けだというのに、豊臣軍はあっけなく敗れたのである。

徳川軍は、重要な拠点を手に入れると、木津川を徳川軍船がわがもの顔で航行するようになった。

木津川の中洲、狗子島《いぬこじま》の東にあたる一帯を博労淵《ばくろうぶち》という。木津川とも近い。東側は船場《せんば》で、さらにその東はもう大坂城である。豊臣方にとっては、大坂城の西方を守る重要な防衛拠点だから、博労淵砦を築いていた。

そこに薄田兼相《すすきだかねすけ》、米村六兵衛《よねむらろくべえ》、平子主膳《ひらこしゅぜん》が入り、七百の兵で守備したのである。木津川に面していることもあって、水軍の往来は多い。しかし、蜂須賀軍はその日、木津川口砦を急襲、あっさりと奪い取った。その結果、豊臣方の博労淵砦も手薄になった。

木津川口砦を失ったのだから、博労淵砦の守備に力を入れなければならないのに、そのままにされていた。

ところが、徳川方の蜂須賀至鎮は木津川口砦を奪ったときと同じように、またもや抜け駆けをしようとした。

至鎮は博労淵砦が弱体化していると知り、五千の兵をひきいて砦の攻略に意欲を燃やしていたのである。だが、蜂須賀軍の陣営と博労淵とのあいだに葦《あし》の大群落があって見通しが悪いし、進攻するにも障害になる。

そこで葦の大群落を刈り取るため、家康にお伺いを立てた。ところが、それを聞いた家康は、博労淵砦に関心を抱き、自分の手で排除しようとしたのである。

家康は、譜代《ふだい》大名の石川忠総《いしかわただふさ》に命じ、二千三百の兵で博労淵砦に向わせた。十一月二十八日、石川隊は攻撃の体勢をととのえた。

蜂須賀至鎮はそれを知ると、攻撃の準備を急がせたのである。

一方の石川隊は中洲を移動し、博労淵へ渡ろうとした。ところが、あいにく満潮時にぶつかって渡ることができず、右往左往する。そこへ、豊臣軍の博労淵砦からは、つぎつぎに銃弾が飛んでくる。

戦死する者も少なくなかったが、先陣を切ったのは、たまたま流れ着いた焼け残った小舟に乗り込み、上陸した七人の男たちだった。のちに「破れ船七人衆」といって、勇敢な行動が称えられたという。

石川隊はそのあと、九鬼守隆《くきもりたか》がひきいる三艘《そう》の軍船に乗り、川を渡ることができた。さらに蜂須賀隊も砦に迫ってくる。博労淵砦は、こうして陸と川からの挟み撃ちにあう。守将の薄田兼相が不在だったこともあって、大混乱となった。

しかも、徳川軍は、守備兵の十倍もの兵力で攻めたてたのである。豊臣軍の兵たちは、砦を捨てて逃げ出した。

そのころ、守将の薄田兼相は、遊女屋で現《うつつ》を抜かしていたと伝えられている。その後、兼相は「橙武者《だいだいむしゃ》」と、豊臣方のなかでも嘲笑《ちょうしょう》されたという。橙は正月の飾りに使うが、それと同じように形だけの武士という意味だ。遊女屋で遊んでいたことの真偽は不明だが、大軍に挟撃されて敗北したため、そのような噂がまことしやかに語られたのかもしれない。

留守を預っていた平子主膳《ひらこしゅぜん》は、葦原に逃げ込み、ひそんでいたところを討ち取られたという。

いずれにせよ、大坂城外に築かれていた砦は、つぎつぎに徳川軍に奪い取られ、豊臣軍の拠点が失われていった。

## 熾烈な鴫野と今福の戦い

大坂城の北東に大和川が流れているが、その北岸に今福《いまふく》村があり、南岸は鴫野《しぎの》村である。どちらにも水田などが多く、堤《つつみ》が築かれていた。

豊臣方は防衛のために、今福の堤の上に四重の柵《さく》を設けたが、この柵は矢野正倫《やのまさとも》が百五十の兵で守っていた。鳴野には三重の柵をつくり、井上頼次《いのうえよりつぐ》が二千の軍勢で守備に当たっている、という状況だった。

それに対して、徳川軍は、佐竹義宣《さたけよしのぶ》が今福に柵を設け、千五百の軍勢で豊臣軍の出方を探っていた。上杉景勝は、鳴野に五千の軍勢で着陣。両軍は、それぞれにらみ合っていたのである。

「敵方の柵を奪取せよ」

まもなく家康から景勝に命令が下った。家康は、今福に大坂城攻撃のための付城（向城とも）を築こうとしたのだ。それには豊臣方の柵が障害になる。

慶長十九年（一六一四）十一月二十六日早朝、今福と鳴野の二か所で、ほぼ同時に戦端が開かれた。

徳川軍の佐竹隊、上杉隊は、銃撃をつづけながら前進し、あっというまに豊臣軍の柵をすべて占領した。銃撃戦は激しく、豊臣軍では今福柵を守っていた矢野正倫、鳴野柵を守っていた井上頼次は、ともに銃弾に倒れてしまった。

ところが、その後、豊臣軍は大野治長の本隊一万二千が鳴野の戦場に駆けつけ、ただちに激しい攻撃を仕かけたのである。上杉の先鋒は破られたが、上杉本隊はす

## 大坂冬の陣の激戦

冬の陣の緒戦は木津川口の戦いではじまり、徳川軍の勝利で終わった。ついで鴫野・今福で激戦となったが、豊臣軍が勝利。しかし、博労淵の砦が奪われ城外の拠点を失った。野田・福島の戦いでは、徳川艦隊におどろき、退却してしまった。

ぐ体勢をたて直すと、「柵を死守せよ！」とばかりに、五百挺の鉄砲隊が一斉射撃で攻勢をかけた。さらに、歩兵たちが突撃していく。さすがの大野本隊も、やむなく敗走した。

家康は、上杉本隊の損害が大きかったことから、つぎのように命じた。

「占領した鴫野の守備は、堀尾忠晴《ほりおただはる》にまかせて交代せよ」

しかし、上杉景勝は拒絶する。

「命がけで先陣を争い、攻め取った持場《もちば》を他人にまかせられぬ」

今福でも同じころ、戦いがはじまっていた。

この地の柵は、豊臣軍の矢野正倫が百五十、飯田家貞《いいだいえさだ》も百五十の兵をひきいて守っていた。

攻撃してきたのは、徳川軍の佐竹義宣隊千五百である。鴫野の上杉景勝と示し合わせていたのである。相手は大軍だったから、またたくまに四重の柵がすべて破れてしまった。そのうえ、矢野正倫、飯田家貞が戦死、豊臣軍の旗色が悪い。

豊臣軍の大将である木村重成《きむらしげなり》は、この朝、大坂城に登城していたが、今福での敗戦を耳にすると急いで馬を走らせた。部下もすぐに走り出したものの、追いついたのは戦場の近くだったという。重成は、それほど急いだのである。

そのあと、後藤基次の軍勢も到着した。基次は天守に防弾のための工事をしていたが、戦いが不利なのを知って急遽《きゅうきょ》駆けつけたのである。重成と基次の軍勢を合せると三千、徳川軍の佐竹隊は千五百だから、数の上では優位だし、圧倒するのもむずかしくない。

木村重成は、これが初陣《ういじん》だったが、勇敢な戦いぶりだったという。五十挺の鉄砲隊をひきいて、佐竹隊を攻撃していった。

佐竹隊は圧倒され、家老の渋江政光《しぶえまさみつ》が銃弾に倒れると、大混乱になってしまった。佐竹義宣は先頭に立って豊臣軍と戦い、兵たちの士気を鼓舞《こぶ》しなければならなかった。

ところが、対岸にいる徳川軍の上杉本隊をはじめ、八百の兵をひきいる堀尾忠晴、三百の兵をひきいる榊原康勝《さかきばらやすかつ》らの軍勢が大和川の中洲へ進み出て、側面から重成の軍勢に猛射撃を浴びせたのである。

佐竹隊にとっては、ありがたい助勢である。木村隊はたちまち混乱、立ち往生し、戦死者を出す始末だった。

やむなく木村重成、後藤基次は退却せざるをえなかった。

## 淀殿、砲撃におどろく

家康は、豊臣方がなかなか講和に応じないことにいらだち、十二月十六日、大坂城に揺さ振りをかける作戦に出た。大坂城への集中砲撃によってなんとか講和へ追い込もうとしたのである。

豊臣軍が装備していた大砲は、ヨーロッパで一般的に普及していたものだが、わが国ではフランキ（仏狼機）と呼ばれていた。フランキとは、ヨーロッパ人の異称で、中国人がポルトガル人をそう呼んでいたことから、わが国でもこの呼称が使われた。その後、ポルトガル人（フランキ）が伝えた大砲というので、大砲もフランキといった。これは青銅製で口径は九十五ミリだった。

ところが、徳川軍は最新鋭の大砲を用意していた。家康が堺《さかい》の鉄砲鍛冶《かじ》、芝辻理《しばつじり》右衛門《えもん》に造らせたという「芝辻砲」が現存する（靖国《やすくに》神社遊就館《ゆうしゅうかん》蔵）が、これを使用していたという。一貫《かん》五百匁《もんめ》玉砲とされるが、口径は九十五ミリで、鍛鉄《たんてつ》製だった。使用可能の弾丸は最大九十ミリ、重さ四・一キロ（一貫百匁）である。

さらに徳川軍はイギリスからも大砲を購入していた。

大砲は、圧倒的な破壊力をもっているから、城門や外郭などを破壊し、軍勢がそこから侵攻する、といった使い方をすることが多い。ところが、家康は戦闘で使うというよりは、相手に講和を承知させるために脅しとして使った。

当時は、まだ炸裂弾《さくれつだん》がつくられていないので、大砲といっても破壊力はやや弱い。それでも発射音がすさまじく、京都あたりまで聞こえたという。その強烈さに、人びとを震え上がらせたというから、戦意を喪失させる威力は持っていた。

徳川軍は大坂城の北、備前《びぜん》島に大砲を配備し、大坂城めがけて撃ち込んだ。淀殿はたまたま居間の櫓《やぐら》にいたが、そのうちの一弾が櫓を打ち砕いた。そのため、そばにいた七、八人の侍女《じじょ》が下敷きになって即死した。

さすがの淀殿もそのありさまに衝撃を受けたし、ほかの侍女たちは、泣き声をあげながら逃げまどったという。

徳川軍の砲撃は、十六日から十九日までつづいた。しかも城中の兵や女たちを眠らせず、疲れさせるために夜を徹して鉄砲や大砲を撃ちつづけた。夜中も猛烈な発射音が響くものだから、気が休まるひまがない。淀殿も講和に傾きつつあった。

家康は、力攻めで大坂城を攻略するのは困難だと悟っていた。砲撃で脅《おど》しても豊臣方が降伏する気配はない。

家康の考えは、なんとか和睦交渉に引っぱり出し、和睦に応じさせるしかない、というものだった。

## 常高院と淀殿との和睦交渉

豊臣方は、徳川軍の激しい砲撃を受け、追い込まれていく。やがて、もはや和睦するしかない、という思いに駆られた。

徳川、豊臣のどちらにも和睦交渉を進める気持ちはある。だが、現実的にはやっかいなことだった。双方、いろいろ検討したのだろう。珍しいことに双方とも女性が和睦交渉を担当することとなった。やはり母性が平和を望んでいるからだろうか。

家康が交渉担当者としたのは、側室《そくしつ》の阿茶局《あちゃのつぼね》である。

阿茶局は、武田の家臣飯田直政《いいだなおまさ》の娘だが、長じて今川の家臣神尾忠重《かみおただしげ》に嫁いだ。しかし、忠重が戦死したため、二十五歳のとき、家康の側室になった。利発だし、側室には珍しく交渉事などにも才能を発揮した。

それゆえ、家康に寵愛《ちょうあい》され、徳川家の奥で采配をふるった。大坂冬の陣では、鉄製の肩輿《かたこし》(肩に担う輿)に乗り、弓矢や銃弾の飛び交うなか、何度となく大坂城へ赴《おもむ》いた、と伝えられる。

阿茶局が和睦交渉に赴くとき、本多正純が同行したが、正純は和睦の条件など、交渉の事務を担当した。

豊臣方の交渉担当者は、常高院《じょうこういん》だった。常高院は、淀殿の妹、初《はつ》である。のちに京極高次《きょうごくたかつぐ》の妻となったが、慶長十四年（一六〇九）、夫の高次が死去し、その後は剃髪《ていはつ》し、常高院と称していた。

これまで交渉の難点は、いかにして淀殿を説得させるか、であった。しかし、徳川軍の砲撃によって淀殿は講和に傾きかけていたから、常高院を動かして最後の説得を試みさせようとしたのである。

常高院は賢く、時流を読む確かな目を持っていた。だから夫が死去したからといって隠棲《いんせい》したのではない。みずから和睦の仲介役を買って出て大坂城を訪ね、淀殿を説得しつづけた。

常高院は豊臣方の担当者とはいえ、息子の京極忠高《きょうごくただたか》は、徳川方として参戦している。

阿茶局と常高院とは、どちらも家康の意を受けて動いているともいえるが、決定権を持っているわけでもない。したがって両者が交渉をし、そこで出た問題点を陣営に持ち帰って検討する、ということになっていたようだ。

具体的に動き出したのは、十二月十八日である。阿茶局と本多正純は、京極忠高の陣中で常高院と対面し、和睦について話し合った。この日は、常高院が即答を避け、「検討する」と述べている。

常高院は淀殿に面会し、熱心に説得する。それが功を奏したのか、淀殿も和睦を決断し、秀頼と話し合って、徳川方の和睦条件に同意した。

翌十九日、ふたたび交渉が行なわれ、双方が合意したことを確認。ようやく和睦が成立したのである。和睦の条件は、つぎのようなことだった。

一、大坂城は本丸だけを残して、二の丸、三の丸の堀を埋めること。
一、淀殿を人質として江戸城へ送ることはしないこと。
一、織田有楽《おだうらく》、大野治長から人質を出すこと。
一、籠城の牢人衆の罪を問わないこと。
一、もし大坂城を開け渡すのであれば、望みの国を代わりに進上すること。
一、秀頼の身の安全、所領は以前のごとく保証すること。

豊臣方はこれを受け入れた。二十日には大野治徳《はるのり》（治長の子）、織田頼長《よりなが》（有楽の子）の二人が徳川方の人質とされた。

## 難儀した堀の埋め立て

　徳川と豊臣とのあいだで、和睦を結ぶ誓書が取り交されたのは、十二月二十二日のことである。家康は、さっそくその翌二十三日、大坂城の堀の埋立工事をはじめた。狙いは、堅城とされる大坂城を無防備な城にすることだった。

　家康はすでに二十一日、松平忠明《まつだいらただあき》、本多忠政《ただまさ》、本多康紀《やすのり》らを普請奉行に任じ、工事の準備を進めていた。工事といっても建設ではなく、破壊するためである。

　工事を担当する兵たちは、それぞれの大名が石高に応じて割当てられた。たとえば一万石から三万石以下は二十人、石高の多い大名の場合、五十万石から百万石以下は三千人というように、十段階になっていた。

　このように諸国の兵が駆り出され、夜は提灯《ちょうちん》をともして土石を運び、昼夜兼行の突貫工事が行なわれたという。

　これまでの通説によると、徳川方は「外堀を埋める」という約束であったが、「惣《そう》」の文字を「すべて」の意味に曲解。やがて、豊臣方が制止するのもかまわず、本丸の内堀、二の丸、三の丸の内堀まで埋め立てるという、きわめて狡猾《こうかつ》なやり方だった、とされてきた。

また、二の丸、三の丸は豊臣方で埋め立てることになっていたが、あまりにも工事が遅れているので、本多正純が「当方から人数を出して助力しよう」と、いい出した。実際に多くの加勢をし、短期間で埋め立てた。堀が平らにならされていくのを見た織田有楽（長益《ながます》）や大野治長が「約束がちがう」と、じかに談判しようとしたものの、徳川方の本多正純は「急病なので面談できない」と逃げまわっていたという。

これらの話は『大坂御陣覚書』など、多くの文献に記されている。しかし、徳川方がそれほど都合よく、身勝手なことをしたのだろうか。

たとえば、細川忠利《ほそかわただとし》が国元熊本の家臣に宛てた書状（慶長十九年十二月二十六日付）によると、本丸は秀頼の居所なので残し、あとはすべて破却するというのは、当初から決められていた。二の丸、三の丸の破却は、豊臣方が自ら行なう手はずになっていたが、なかなか工事が進まない。そこで諸国からきていた大名家の家臣たちが「手伝ってやろう」といって、建物を壊し、堀を埋めた。

堅固な大坂城だけに、壊すとか、堀を埋め立てるといっても、容易なことではない。とくに手こずったのは二の丸の堀で『駿府記』によると、思いのほか深いし、広い。「土手をつぶして埋め立てたが、土が足りない。そこで二の丸千貫櫓をはじめ、織田有楽の屋敷、西の丸の大野治長の家などを取り壊し、その廃材で埋め立てた」というありさまだった。

豊臣方の二の丸、三の丸の工事が遅れていたのは、時間かせぎをしているうちに、状況が変わるかもしれない、と期待していたのかもしれない。

工事が終わったのは一月二十四日というから、約一か月かかったことになる。俗にいわれるように「豊臣方が制止するのもきかず、徳川方は一気に埋め立てた」などという芸当はできなかったのである。

勇壮な姿を誇った大坂城だが、裸城になった姿は無慚《むざん》であった。家康の側近、以《い》心崇伝《しんすうでん》は、江戸へ帰る秀忠がつぎのように述べたと記している。

「大坂の城堀埋まり、本丸ばかりにて浅ましく成り、見苦しき体《てい》にて御座候との沙汰にて御座候」（『本光国師日記』）

# 第五章

# 真田丸の攻防

## 真田丸を築いた理由と規模

大坂夏の陣がはじまる前のことだが、豊臣《とよとみ》方の作戦会議では、真田信繁《さなだのぶしげ》が「積極的に城外へ打って出て戦う」という戦略を主張した。ところが、支持を得られず、結局は「籠城《ろうじょう》」ということになった。

もともと大坂城は、難攻不落《なんこうふらく》の堅城である。攻撃する側にとっては、兵力や武器など相当な備えをしてのぞまなければならない。一般的に城を攻め落とすには、少なくとも籠城兵の二、三倍は必要とされる。

信繁は考えた。「籠城といっても、城に籠《こも》って敵の攻撃を待ちかまえ、応戦していればよい、というものでもあるまい」と。敵の出方をうかがいながら、外へ出て戦うゲリラ戦法もある。信繁は、籠城と野戦《やせん》とを折衷《せっちゅう》した戦い方もあるのではないか、と考えていた。

その後の軍議でも『幸村君伝記』によると、信繁は徳川《とくがわ》軍が大坂城に近づきつつあることにふれ、こう主張している。

「将軍がいま、天王寺《てんのうじ》に着陣したという。備えがまだ整っていないうちに急襲すべきではないか。十のうち七、八は勝利を得ることができる」

しかし、大野治長《おおのはるなが》は反対し、以前と同様、籠城を強調した。

「二千、三千の敵なら、それも効果があるだろう。だが、いまは天下分け目の戦いだし、日本中の軍勢を相手にするのだ。緒戦《しょせん》で敗けると士気を失い、のちの戦いに悪い影響をおよぼす。ここは慎重に、堅固な、城に籠り、敵を引きつけて倒すだけである」

大坂城は、摂津《せっつ》（大阪府西部・兵庫県東部）、河内《かわち》（大阪府東部）、和泉《いずみ》（大阪府南部）の三国を北から南へ貫く上町台地の北端に立つ。西に木津《きづ》川と大坂湾があり、北に淀《よど》川、天満《てんま》川、東は大和《やまと》川である。さらに周辺にいく筋もの流れがあって、大坂城は要害の地に立つ。

ただし、南は上町台地から天王寺付近まで、舌状の平坦地がつづく。人馬は容易に往来できるが、それが逆に戦いのときには攻撃されやすい、という弱点になっていた。

籠城にこだわる大野治長でもそのくらいのことは理解できた。少し坂があるだけで、川はないから、敵が攻めてくるとすればここである。実際、防衛のため、南方斜面に大きな空堀《からぼり》を掘り、塀や矢倉《やぐら》を築いていたのである。

信繁は、大坂城を全体的に見た場合、南方は平地と空堀があるだけで、防備が十分とはいえないことに気づいていた。

「おそらく徳川軍の攻撃もこの地に力を入れてくるのではないか」

そう思った信繁は、ここに出丸を築き、守備にあたりたい、と申し出た。これなら籠城に変わりがないし、大野治長にも異論はなかった。治長が全面的に賛成し、淀殿も了解して、出丸の工事がはじまった。急を要するだけに、資材や人員が大量に投入された。

大坂城の惣構《そうがま》え（外郭）のうち、南方には西から東へ、松屋町口《まつやまちぐち》、谷町口《たにまち》、八丁目口《はっちょうめ》、平野口《ひらの》という四つの門があった。

真田丸《さなだまる》は、もっとも東側の平野口に築かれた。しかし、真田丸の遺構はほとんど残っていないため、正確な位置はわかっていない。ただ現在の地名でいえば、大阪市天王寺区玉造《たまつくり》、JR大阪環状線玉造駅の西側一帯と考えられている。

このあたりには、真田山公園など「真田山」と称する小学校、マンションなどが多い。空堀通りというのもある。また「出丸《でまる》城跡碑」が心眼寺《しんがんじ》（大阪市天王寺区餌《え》差町《さしまち》）に立っているが、西側の通りは心眼寺《しんげんじ》坂で、このあたりでは心眼寺がもっとも高い。地形の高低は、大坂の陣のころとあまり変化していない、ともいわれる。

これまで真田丸は惣構えの平野口と連結されている、と考えられていた。実際、絵図にはそのように描かれたものが多いが、近年の研究では、惣構えから独立した造りになっていたのではないか、などの意見もある。

形状にしても、たとえば『大坂夏の陣図屏風』（大阪城天守閣蔵）では、方形の曲輪《くるわ》として描かれている。しかし、大坂冬の陣での豊臣軍、徳川軍の陣立を描いた『慶長十九年甲寅冬大坂絵図』が幕府の大工頭中井《なかい》家に伝わっているが、それには半円形の丸馬出である真田丸が描かれている。

真田丸が造られたのは、外堀の外側の土地で、もともと少し高台になっていて、半円形の部分を利用して造ったとされる。空堀と水堀とで囲まれているが、出丸は土塀で囲い、土塀には矢狭間《やはざま》や鉄砲狭間を設け、櫓《やぐら》を造った。

『大坂御陣山口休庵咄』は、真田丸をつぎのように紹介している。

「大坂城玉造御門（二の丸西南）の南、東八丁目之御門の東、一段高い畑があったが、そこを三方に空堀を掘り、堀の向こうと空堀のなかと堀際に柵を三重につけ、ところどころに矢倉、井楼《せいろう》（敵陣偵察用の櫓）を上げ、柵の腕木《うでぎ》の通りに幅七尺（二・一メートル）の武者走り《むしゃばし》（通路）を設け、真田父子の軍勢六千ほどで守備をした」

さらに「矢狭間一間（一・八メートル）に六つ切ってあり、狭間一つに鉄砲三挺ずつ、すきまなく並べることができた」とも述べている。

真田丸は、出丸とはいえ、本丸と二の丸とで構成された本格的な城郭であった。堀をめぐらせ、真田丸を囲む塀は、上下二層になっており、どちらからでも銃撃が可能だった。しかも堀の七か所に櫓を設けていたという。さらに大がかりな馬出しを設けたのが大きな特徴だった。

城の出入口を「虎口《こぐち》」という。門に枡形《ますがた》をつくり、直線的に出入りするのではなく、曲がって出入りするようにしてある。「枡形」というのは門をくぐると、「土塁や石垣で囲んだ枡形の四角い空間をつくった要所のこと。万一、敵が進攻してきた場合、勢いをそぐための仕掛けである。

馬出しは、城門前に築いた土塁で、人馬の出入りを敵に知られないようにする役割を持つ。しかし、真田丸の場合、馬出しの機能を持つとはいえ、長さ百間《けん》（約百八十メートル）もあり、通常の馬出しより規模が大きい。

## 真田丸での銃撃戦

慶長十九年（一六一四）十一月十九日、徳川軍の蜂須賀《はちすか》隊が三千の軍勢をひきいて木津川口砦《とりで》を襲撃し、大坂冬の陣がはじまった。そして十二月四日、いよいよ真田丸の攻防戦がはじまる。真田信繁の鮮やかな戦いぶりは、家康《いえやす》をおどろかせた。

この日の早朝、徳川軍は膠着《こうちゃく》状態をなんとか打開しようと、松平忠直《まつだいらただなお》、前田利常《まえだとしつね》、井伊直孝《いいなおたか》らの諸隊が真田丸へ攻撃しようとしていた。

そうした状況のなかで前線に姿を現わしたのは、将軍秀忠《ひでただ》である。秀忠は、遠くから真田丸の見事な構造を観察すると、「油断するな、軽はずみに攻めてはやられてしまうぞ」と声をかけた。

よほど注意深く近づき、攻撃しなければ、思わぬところから反撃される。徳川軍の各隊の指揮官たちはだれしもそう思っていた。

徳川軍の主力は、大坂城の南側に勢揃いしている。茶臼山《ちゃうすやま》には家康が三万の軍勢で陣をかまえているし、秀忠は天王寺をへだてて東方の岡山《おかやま》に陣を置いた。軍勢は二万。

真田丸の正面に向かい合うように前田利常一万二千、それから西へ、松倉重政《まつくらしげまさ》、榊原康勝《さかきばらやすかつ》、桑田重治《くわたしげはる》らが一千、古田重治《ふるたしげはる》が一千、脇坂安元《わきさかやすもと》と寺沢広高《てらさわひろたか》とで一千。さらに井伊直孝四千、松平忠直一万、藤堂高虎《とうどうたかとら》四千、伊達政宗《だてまさむね》一万という大軍が並ぶ。

大坂城の西側、船場にも浅野長晟《あさのながあきら》、松平忠明《ただあき》、蜂須賀至鎮《よししげ》らの軍勢が陣をかまえていたし、東側には上杉景勝《うえすぎかげかつ》らの軍勢が、北側は天満川を隔てて本多忠政《ほんだただまさ》、池田《いけだ》利隆《としたか》らの軍勢がいる。大坂城をぐるりと取り囲んだ状態だった。

一方の豊臣軍は、真田丸に真田信繁が五千、その背後に東から西へと、旗本組三千、明石全登《あかしてるずみ》、湯浅正寿《ゆあさまさとし》らが四千、木村重成《きむらしげなり》ら四千、長宗我部盛親《ちょうそがべもりちか》ら五千、織田《おだ》頼長《よりなが》ら三千三百、大野治長一千三百といった軍勢が迎え撃つかまえで布陣していた。

そのなかでも、重要な拠点となるのが真田丸だった。

しかし、大坂城内には「信繁が徳川方に内応するのではないか」との噂もあった。信繁とすれば「そのような雑音にわずらわされることなく、存分に敵と戦いたい」という気持ちが強い。

信繁が徳川に内応《ないおう》するかもしれない、との疑念が生じたのは、この場合、無理からぬことであった。第一、内応が本当だとすれば、真田丸は大坂城を攻撃するのに恰好《かっこう》の足場となるからだ。家康だって、これが手に入ればどれだけ優利になるかわからない。

大野治長は、本気でそのことを心配していたという。

いよいよ十二月四日がやってくる。

## 大坂冬の陣、真田丸の攻防

※真田丸は拡大してある。

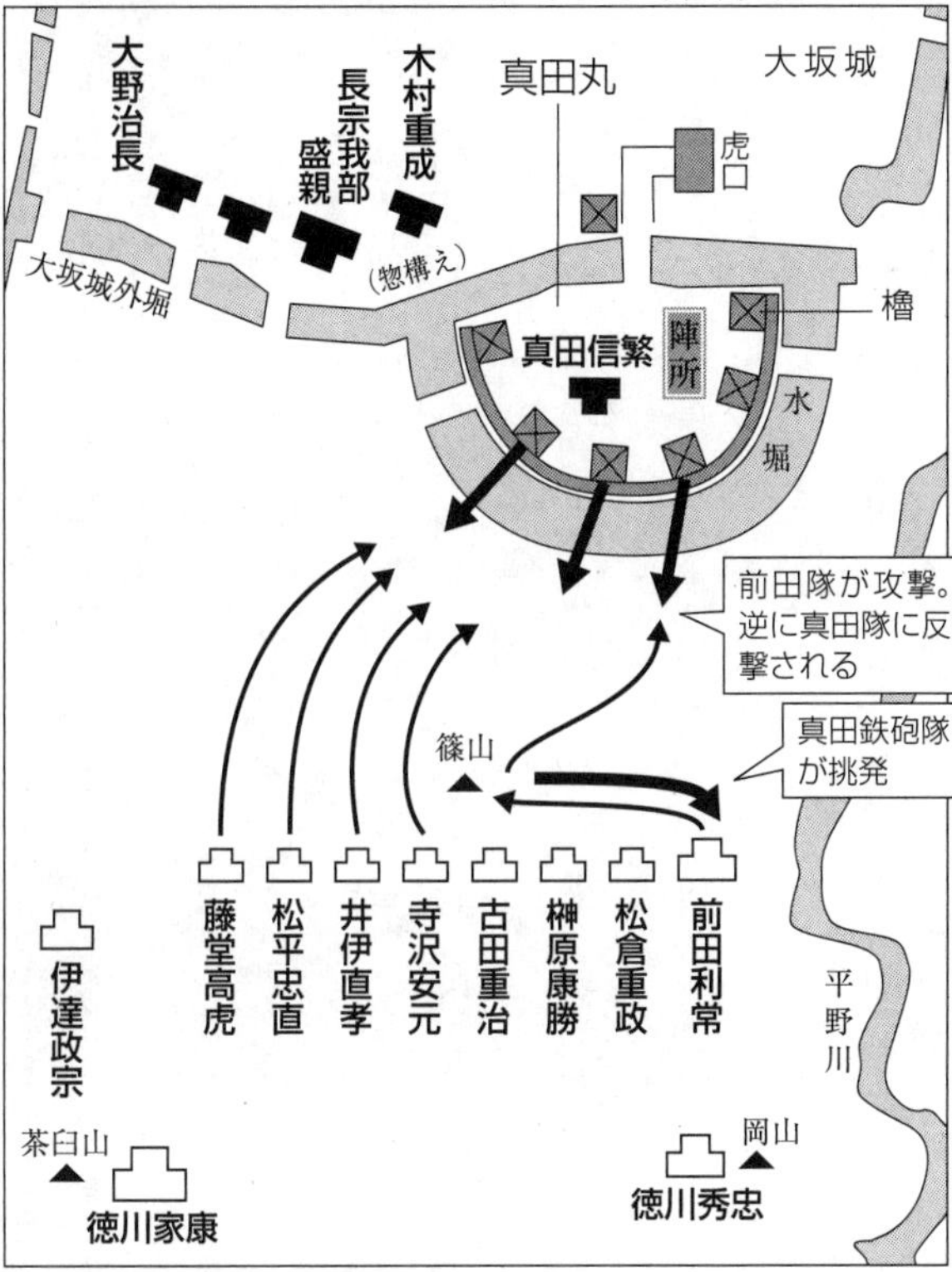


慶長19年(1614)12月4日、信繁は、真田丸を攻撃する徳川軍を撃退。真田丸のすべての櫓や狭間から銃弾や矢が飛び出し、徳川軍に大打撃を与えた。真田丸に入っていた牢人衆の士気は高かった。逆に徳川軍は血気盛んなあまり、命令を無視して攻撃し、敗北した。

真正面に布陣していた前田隊は、じっとしていられなかったのか、真田丸をめざして前進していく。ところが、真田丸の前にある小高い篠山《ささやま》には、真田の鉄砲隊がひそんでいたのだ。前田隊の姿を見つけると、銃を撃ちはじめた。

前田隊には、その銃弾に倒れる者が続出した。それでも援護しようとして前進する者がつづく。「篠山の敵を倒さなければ、味方の戦死者が増えるばかりだ」と思ったようだった。

しかし、前田隊が篠山にたどり着いたときには、すでに真田の鉄砲隊は姿を消している。前田隊の行動を観察していた兵たちは、すばやく真田丸へと戻っていたのである。

それでも前田隊の兵士たちは、おめおめと引き下がるわけにはいかない。真田丸へ攻めていった。

それを待ち受けていたのは、信繁をはじめ、真田丸の守備隊だった。

真田丸は土塀で囲んであるが、そこには狭間を設けてある。敵が近づくと、狭間からつぎつぎに矢を放ち、銃を撃つ。

前田隊は、急いで真田丸攻撃に出たため、矢や銃弾を防ぐ鉄楯や竹束《たけたば》を用意していなかった。竹束というのは、文字通り、丸竹を切って束ねたものだ。これをいくつか並べて立てかけたものを「竹束牛」というが、これを持ち運び、矢や銃弾を防ぐのである。

前田隊にはこの用意がなかったため、被害が大きかった。真田丸では敵を近くまでおびき寄せて撃ち取ったわけで、信繁の作戦勝ちだった。

## 爆発さわぎ起こる

同じ十二月四日のことだが、真田丸の一つの櫓《やぐら》から突如、出火するということがあった。黒い煙が立ちのぼるのを見た徳川軍の松平忠直隊と藤堂高虎隊は、

「攻撃の合図だ！」

といきり立ち、真田丸をめざして進軍した。

豊臣方の部将が松平隊に内応しており、その内応者が「合図に火を放った」と、思い込んだのである。しかし、これは偶然の事故で、豊臣軍の兵が誤まって、火のついた火縄を火薬桶のなかに落としたため、爆発したのだった。

それに内応者は事前に露見し、すでに捕らえられていた。それなのに松平隊と藤堂隊の兵たちは「内応者の合図」と信じ込み、真田丸へ押し寄せていった。空堀に

入り込み、柵を破ると、城壁に取りつく。

ところが、真田丸のなかからそれを見張っていた真田信繁が号令を下す。

「銃を放て！」

真田丸から徳川軍の兵たちへ、銃弾がまさに雨のように降りそそいだ。

『大坂御陣覚書』のなかにも、つぎのように記されている。

「弓・鉄砲にて撃ち立てることは、雨の降るようであった。（中略）櫓・高櫓の狭間から撃ち立てたが、寄せ手には鉄砲を防ぐ竹束などはなく、ただ的になって撃たれるだけである。死傷者は数えきれないほどだった」

一斉射撃に追討ちをかけるように、真田丸から五百人ほどの兵が姿を現わす。

徳川軍では、寺沢広高軍と松倉重政軍とが銃弾を浴びている兵を救助しようと突撃したものの、真田丸の兵たちに追い返される。激突がつづいた。

徳川軍の兵たちは撤退しようとしたものの、なかなかはかどらない。空堀に入った兵たちが真田丸からの銃撃を浴び、思うように動けず、なかなか空堀から出ることができなかった。

徳川軍のうち、松平忠直隊が四百八十、前田利常隊は三百が戦死した。徳川軍は大敗北だったが、その噂はすぐ京都にも広まった。

弓や鉄砲の射程内に徳川軍の兵たちを誘《おび》き寄せ、徹底して打撃をあたえるという巧みな戦法は、真田信繁の策略だった。大軍の徳川軍が敗れたことで、信繁の武名は広く知れ渡った。

真田丸に配属されていた兵は、ほとんどが牢人衆の寄せ集めである。団結して敵に向かおうなどという気概もない。ところが、この真田丸の攻防戦を経験し、やればい勝てるという自信がついた。しかも、指揮官である信繁への信頼も高まったのだ。

## 家康、信繁を誘う

真田丸の攻防戦で、徳川軍は大敗北をした。家康は、真田信繁の働きを「見事だ」と思いながらも、大きな衝撃を受けた。

「真田信繁は大きな障害だ。信繁を取り除かなければ、苦戦がつづく。なんとかして信繁を味方に引き込むことができないか」

家康は、真田丸での攻防戦への反省から、つぎの一手を考え出す。信繁の叔父信《のぶ》伊《ただ》を徳川方の使者として、信繁のもとをたずねさせた。

信伊は昌幸《まさゆき》の弟であり、早くから徳川家に仕えていた。真田一族にはもう一人、徳川家に仕えている信之《のぶゆき》（信繁の兄）がいるが、病のため、このたびの戦いには出陣していない。

信伊が真田丸の信繁を訪ねたのは、十二月十一日のことである。信繁に寝返りを勧めるためであった。『名将言行録』には、このようにある。

「そのほうの軍略は抜群だ。武名は天下に轟《とどろ》いている。徳川に同心すれば、信濃《しなの》国に三万石をつかわそうとのことだが、どうだろうか」

信伊が単刀直入に話し出すと、信繁は、一族の誼《よしみ》をもって訪ねてくれたことに感謝した。ついで、関ヶ原の戦いでは家康の敵となったこと、落ちぶれて高野山《こうやさん》（九《く》度山《どやま》）に入り、なんとか命をつないできた事情を話したうえで、こういった。

「ところが、このたび秀頼《ひでより》公から召し出され、過分な兵と相当な場所を預けられました。そのうえ、大将の号まで許されました。これは、領地を賜《たま》わることよりもありがたいことです。約束を破って、そちらに味方することはできません」

きっぱりと断ったが、信繁としては当然のことばである。

信伊には、よく理解できた。

「武士とは、忠義によって身を立てるものだ。約束を破るのは、人の道ではない」

そういいながら、自分にとっては、そのほうを味方に誘うのは大御所様（家康）

への忠義なのだ、と述べたという。信伊は、帰ると家康に報告した。

「まことに惜しい武人だ。どうにかして命を助けたい、と思っている。もう一度参って、信濃一国をつかわすから味方にならぬか、とたずねて参れ」

家康は、ふたたび信繁を誘うよう命じた。しかし、信伊が訪ねても、信繁の返答は同じだった。

「ありがたいことです。しかし、約束を結んだことの責任は重い。信濃一国はおろか、日本国中の半分を賜わるとしても、気持ちを変えることはできません。また、このたびは勝利を得られる戦いではないので、私ははじめから討死を覚悟していま す。もう二度と、ここにはおいでくださいませんように」

信繁は、そっけなくいった。信伊としても、これ以上、説得するすべがない。

「致し方ないことだ。これが今生の別れか」

信伊は落涙した。信繁のことばを伝えると、家康はこういって賞美したという。

「なんとも哀れな、心にしみる心根か。まさに日本一の勇士だ。父安房守《あわのかみ》（昌幸）にも劣らぬ男だ」

## 信繁が姉や娘婿に伝えたかったこと

信繁は、近づいてくる合戦の足音を聞いたのだろうか。姉の村松《むらまつ》や娘婿などに書状を送り、心情を伝えている。

村松は、永禄八年（一五六五）生まれだから、信繁の二歳年上である。父は信繁と同じ昌幸だが、母親はわからない。長じて昌幸の家臣、小山田《おやまだ》茂誠《しげまさ》へ嫁いだが、のち茂誠は信之の配下となった。

信繁が村松に書状を送ったのは、慶長二十年（一六一五）一月二十四日付である。書状には、こう記されていた。

「このたび思わぬことから合戦となり、わたしは大坂城に参りました。意外なことと思われていることでしょう。わたしのことで真田家に迷惑がかかっていないかと、心配しております。戦いがすんで、わたしは死ぬこともありませんでした。お目にかかりたいものです。明日はどうなるかわかりませんが、いまのところは何事もなく過ごしています」

信繁の気持ちも複雑だったにちがいない。自分は豊臣方の一人だが、兄の信之は病のため出陣できなかったとはいえ、徳川方である。姉婿の茂誠も信之の配下だ。

実際に信繁と茂誠が衝突することはなかったものの、兄弟で敵味方に分かれて戦うことになったということに、「意外なこと」と、おどろかれたのでは、とたずねている。信繁は姉村松の心中を察し、心配したのだろう。

さらに書状には、こうある。

「主膳殿（茂誠の子、之知《ゆきとも》）にも何度か会いましたが、こちらが取り込んでいたので、ゆっくり話をすることができませんでした。（中略）いずれ機会がありましたら、手紙を差し上げたい、と思っております」

姉村松と小山田茂誠の長男、之知は、徳川軍の一人として大坂攻めの陣中にいたわけである。

その後、信繁は三月十日付で、小山田茂誠と之知に宛てて書状を出した。

「私の身上のこと、秀頼様から懇切にしていただいていますが、いろいろ気を遣うことばかりです。一日一日と、明日をも知れぬ暮らしを過ごしております。（中略）なんとかお目にかかりたいと思っております。また、なつかしいことは山のようにあります。（中略）定めなき浮世《うきよ》のことですから一日先のことはわかりません。わたしたちのことも、どうか、浮世に生きているとは、お思いにならないでください」

信繁は、じつの姉やその婿に宛てた書状だけに、本心を思わず語った、というところがあるようだ。「明日をも知れぬ」と書いているのは、和睦《わぼく》が成立したとはいえ、和平の時期はそれほど長くはないし、いずれまた合戦になると予感していたからだろう。はっきり記していないが、信繁は死を覚悟していたのである。

この二通の書状のあいだに、もう一通、二月十日付で石合道定《いしあいみちさだ》に宛てたものがある。石合道定は、信繁の最初の娘すえの夫だ。

「わたしどもは籠城した以上、命はないものと覚悟していますから、この世でお会いし、面談することなど、もはやないでしょう。なにごとも娘すえのこと、お心にかなわないことがございましても、どうかお見捨てなきようお願いいたします」

死を覚悟した信繁は、ひたすら娘すえのことをよろしく頼む、と願うような気持ちをこめて書き記している。それは最後に伝えたい正直な気持ちだった。

## 旧友と戦いの覚悟を語りあう

真田信繁は、休戦となったひととき、久し振りに古い友人と酒を酌み交し、歓談したこともある。

慶長二十年（一六一五）一月のことだが、大坂城の堀もほぼ埋め立てられたし、信繁自慢の真田丸も姿を変え、無惨なことになっていた。戦いが終り、安らかな気持ちになったのはたしかだが、爽快とはいいがたかった。

旧友というのは、かつて武田家の家臣だった原貞胤《はらさだたね》で、いまは徳川方の松平忠直の使番をしている。和睦が成立したため、このように旧友を酒宴に招くことができるようになったのだ。

信繁は貞胤を屋敷に迎え、酒肴を並べて歓待したばかりか、自ら鼓を打った。子の大助には幸若《こうわか》を舞わせた。信繁は、よほどうれしかったとみえて、貞胤にいろいろ語った。

「このたび（大坂冬の陣）は討死する身でしたが、思いがけず和睦となって、今日まで生き長らえました。こうして二度もお会いできたことに喜んでおります。不肖の身ながら豊臣方の大将に任じられたことは、生涯の思い出であり、死後までも名誉なことと考えております」

これは信繁の正直な気持であったろう。九度山に蟄居《ちっきょ》中のところ、秀頼に招聘《しょうへい》され、真田丸という大舞台を与えられたのだ。そこでは徳川の大軍を鮮やかな戦法で撃退している。これほど誇らしいことはない。

「和睦は一時的なものです。ふたたび戦いになることでしょう。われわれ親子も一年か二年のうちには討死するにちがいありません」

信繁は、そういいながら先祖伝来の鹿の角を前立《まえだて》とした兜《かぶと》を見せた。

「戦場でこれをつけた首を見つけたら、信繁と思い、弔《とむら》っていただきたい」といい、頭を下げたのである。

「主君のために討死するのは、武士の習いです。しかし、倅《せがれ》の大助は、これという働き場に恵まれないまま、生涯を牢人としてすごし、十四歳になりました。このことが不憫《ふびん》でなりません」

信繁はそういい、涙ぐんだ。家康を恐れさせた最強の武将も、やはり親であり、子への情愛もあった。貞胤もそれを聞き、涙を流しながら応じた。

「武士ほど、はかないものはありません。戦場では誰が先に死ぬかわからないものだ。かならず冥土でお会いしましょう」

そのあと、信繁は庭に白河原毛《しらかわらげ》のたくましい馬を引き出し、六連銭《むつれんせん》を金色で摺《す》った鞍《くら》を置き、乗ってみせた。薄茶色の馬を河原毛といい、白河原毛は、それに白色が混じったものだ。

信繁は庭のなかを静かに五、六回乗りまわし、馬上から貞胤に決意を語った。

「もしふたたび合戦があれば、城は破却されているから、平地での戦いになるでしょう。そのときには天王寺のほうまで乗り出し、徳川方の軍勢と渡り合います。この馬の息のつづくかぎりは戦って討死しようと思い、大事に育てているところです」

信繁が馬から下りると、ふたたび酒を酌み交わし、「おそらく、これが今生《こんじょう》の別れとなるだろう」といい合い、夜半に別れた。これは『武林雑話《ぶりんざつわ》』に出てくる逸話である。

## 家康、講和を呼びかける

「真田信繁は手強い相手だ」

家康は、真田丸での攻撃ぶりを見て、信繁の戦さ上手に瞠目《どうもく》した。だから信繁を勧誘したのだが、信繁に拒絶されてしまった。

かつて第二次上田合戦で、いいように手玉に取られた秀忠などは、とくに衝撃が大きかったようだ。秀忠は、かつての敗戦経験から、わざわざ真田丸攻撃の前日、部将たちに「あくまでに慎重に攻撃せよ」と、指示したくらいである。

真田丸の正面に、前田利常の一万二千、松平忠直の一万などと、二人の実力者と大軍を配置したのも、信繁の手強さに対抗するためだった。

しかし、家康は大坂城に攻撃を加えながらも、その一方では、早くから講和への工作を進めていたのである。

たとえば、大坂城の包囲網ができているというのに、家康は十月二十六日、大野治純《はるずみ》（治長の弟）に命じ、使者として大坂城へ赴かせた。大坂城で面会したのは、織田有楽《うらく》と大野治長である。治純は豊臣方の二人に家康の意向を伝え、和睦を勧めた。

治純は家康の家臣になっていたが、兄の治長と治房《はるふさ》は豊臣の家臣として、秀頼を支えつづけた。織田有楽は信長の弟で、長益《ながます》という。その後、秀吉に出仕し、いまは豊臣家の宿老である。だが、それは表向きのことで、実際には早くから家康に内応していた。

家康の和平工作は将軍秀忠にも教えず、ひそかに進めていたが、そのことを知ると、土井利勝《どいとしかつ》を使者に立てて家康に苦情を伝えた。

「講和には不服である」

秀忠の胸中には「戦いははじまったばかりではないか。それに将軍のわたしに、事前の相談があってもよかったのではないか」など、不満が渦巻いていたのかもしれなかった。

家康は、その後も執拗に和平工作をつづけている。十一月二十日には、本多正純に命じて、有楽、治長宛に「秀頼を諫《いさ》めて和睦させせよ」という趣旨の書状を届けさせた。家康は、思うような返書が届かないので、かなりいらだっていたようだ。

ようやく有楽からの返書がきたかと思えば、「秀頼公に講和を進言したものの、承諾してもらえない。わたしの力がおよばないようだ」などといってくる。家康は本多正純《まさずみ》に怒りをぶつけた。

「秀頼が講和を許さないのであれば、有楽自らが城外に出て、講和が成るように画策せよ」

# 第六章　信繁、夏の陣へ

## 和議を反故にした家康の本音

徳川《とくがわ》と豊臣《とよとみ》との和議《わぎ》がととのって以来、しばらく平穏《へいおん》がつづいていた。しかし、まもなくどこからともなく戦がはじまるのではないか、との噂がささやかれるようになった。

とはいえ、大坂城は本丸を除いて、破却され、堀も埋め立てられて裸城《はだかじろ》になっている。豊臣方としては、裸城に籠《こも》って戦えるわけがない。そこで、豊臣方は大坂城を修築しているのではないか、という話も流れた。

現に京都所司代《しょしだい》の板倉勝重《いたくらかつしげ》は三月十三日、豊臣方につぎのような不穏《ふおん》な動きがあると、家康《いえやす》に伝えている。

「大坂方は、城の外郭に塀《へい》や柵《さく》を設け、先日、埋めた堀を掘り起こしている。また、これまでより多くの牢人《ろうにん》を城中に抱えるなど、謀叛《むほん》の企《くわだ》てがある」

それ以前から豊臣方は、多くの米や材木などを大坂城に運び込んでいるし、冬の陣で籠城《ろうじょう》した牢人たちは退去せず、そのまま城にとどまっている。そればかりか、新たに召し抱えてほしいと、多くの牢人たちが集まってくるほどだった。

豊臣方の真意はよくわからないが、表面的には戦が再開すると思われてもやむをえない、という状況である。

しかし、豊臣方としては、とりあえず否定しておきたい、という気持ちだったのだろうか。

三月二十四日、豊臣方の使者米村権右衛門《よねむらごんえもん》は、駿府《すんぷ》（静岡市）を訪れ、「大坂で不穏な動きがあるとの噂は事実無根」と弁明している。徳川方は、冷やかな態度で聞き流していたにちがいない。

豊臣方が戦の準備を進めていると判断した徳川方は、さらに強く「秀頼《ひでより》は大和《やまと》（奈良県）か、伊勢《いせ》（三重県）への国替えに応じること」、あるいは「大坂城内の牢人衆をすべて追放すること」という要求をつきつけてきた。家康は大坂という土地の重要性は十分に知り尽くしていたし、できるものなら手に入れたい、というのが本音だった。

秀頼にも淀殿《よどどの》にも、家康の要求に応じる気持ちはない。当然、拒絶する。これが結果的に、苦心してまとめた和睦《わぼく》の条件を破ることになった。

そうなると、家康の動きはすばやい。「そういうことなら、もはやどうしようもない」といったというが、この結果は、すでに家康の考えに織り込みずみだったのだろう。

家康は三月末、諸国の大名たちに大坂出陣を命じ、自らは四月五日、「尾張義直の婚儀に参列する」と称して、駿府城を進発したのである。

さらに四月六日には、伊勢、美濃《みの》（岐阜県南部）、尾張（愛知県西部）、三河《みかわ》（愛知県東部）などの諸大名に命じて、伏見《ふしみ》、鳥羽《とば》あたりへ進出させた。

家康は翌四月七日、名古屋に到着したが、その日、西国大名に出陣準備を命じている。四月十日には、将軍秀忠《ひでただ》が江戸を進発《しんぱつ》、西をめざした。こうしてつぎの戦争への準備が進められたのである。

そうした一方、徳川方は落人《おちうど》や牢人の対策にも力を入れた。将軍秀忠は、すでに四月一日、大坂からの落人は、男女、年齢にかかわりなく、捕らえて徳川方に差し出すこと、という触れを出している。もし、落人を匿《かくま》えば厳罰に処する、というものだった。

落人たちが大坂城へ入ることは、なんとしても防ぎたい、という思いが強かった。それでも、多くの落人が大坂城に集まってくる。好き好んで大坂城へ入ったわけではなく、冬の陣で焼け出され、住むところがないために、やむなく入城した、という者が多い。侍のほか、農民や町で暮らす人びとなど約五万人が大坂城に入っていた、といわれる。

だが、これは、徳川方が牢人や落人を取り締まった結果だった。徳川方は、はからずもそれだけ多くの敵をつくってしまった。

## 信繁が「秀頼出馬」を要請

豊臣方の動きもあわただしい。豊臣軍が具体的な軍備に着手したのは、四月十二日のことだった。この日、大坂城では、集まってくる牢人衆に金銀が配られたほか、武器や武具などが準備された。

翌十三日、大坂城では軍議が開かれている。『常山紀談《じょうざんきだん》』によれば、信繁はその席で秀頼の出陣を強く求めた。

「去年の戦いでは、城は堅固だったし、多くの兵糧《ひょうろう》もありました。それで、やがては西国大名のなかにも、こちらに味方する者が出てくるにちがいないし、寄せ手のなかにも心変わりする者がいるだろう、と思ったのです。ところが、意外なことに和睦となり、惣堀《そうぼり》が埋め立てられました。もはや、城を守る方法はありません。あるとすれば、打って出て戦うことだけです」

「ここは秀頼様じきじきに御出馬いただくのが肝要と存じます。伏見城を落とし、御上洛のうえ、洛外を焼き払う。ついで、宇治や勢多の橋を落とし、諸所の要害を固く守り、まず洛中の政事《まつりごと》にあたっていただく。その勢いに乗じて合戦に臨むべきかと思います」

大坂城の堀が埋め立てられ、城の防衛力は著しく低下している。ここに籠城して敵と戦い、勝つというのは、きわめて困難なことだ。それは誰もが思っていたことである。

真田信繁《さなだのぶしげ》は、「だからこそ、秀頼を旗印《はたじるし》とし、軍勢が外へ出て戦うべきなのだ」と述べた。つまり、まず伏見城を占領し、新たな本拠として徳川軍と戦うのがよい、と主張したわけだ。

賛成したのは、後藤基次《ごとうもとつぐ》(又兵衛《またべえ》)、長宗我部盛親《ちょうそがべもりちか》、毛利勝永《もうりかつなが》ら牢人出身の武将たちだった。しかし、大野治長《おおのはるなが》は、それに異を唱える。

「秀頼様の御出馬など、もってのほか」

重臣の治長としては、どうしても豊臣家を存続させなければならない。そこで第一に考えるべきことは、秀頼の命を守り抜く、ということだった。だから軽々しく秀頼を外に出して危険にさらすわけにはいかない、というのが治長の立場だった。

信繁は「総大将が陣頭指揮せずして、追い込まれた戦いに勝つことなどできない」と、内心で思っていた。しかし、すべてのことを治長と淀殿とで決定していることを思えば、信繁がいくら自説を主張してもどうにもならない。

徳川軍は、そうしているあいだにも大坂周辺に集結しつつあった。四月十八日には、家康が京都に着き、二条城に入った。つづいて二十一日、将軍秀忠は、伏見城に入ると、二条城を訪れ、二人で秘密裡《り》に軍議を開いた。

## 緒戦は豊臣方の勝利、のち大敗北

夏の陣の火蓋が切られたのは四月二十六日、大和郡山《やまとこおりやま》（奈良県大和郡山市）でだった。

「城外へ出て戦う」というのは、真田信繁が冬の陣から主張していたことだが、大坂城の堀を埋め立てられた豊臣方としては、籠城はできず、もう城外へ出て戦うしかなかったのである。

その日、豊臣軍の大野治房《はるふさ》（治長の弟）は後藤基次（又兵衛）とともに二千の軍勢をひきい、徳川方の大和郡山を攻撃した。あとから攻め込んでくるはずの徳川軍を阻むためで、周囲を焼打ちにしたほどだった。

当時、大和郡山城は城主の筒井定慶《つついさだよし》が一千の兵で警固していた。しかし、ほとんどが牢人や農民などの寄せ集めだったから、必ずしもやる気十分とはいえない。「大野治房が三万の軍勢で攻めてくる」との誤報が伝わると、定慶をはじめ、すべての兵が城から逃げ出す始末だった。

翌二十七日、大野隊が大和郡山城を攻めると、城はもぬけの殻である。緒戦は、豊臣軍が勝利を飾った。

大野隊は勢いに乗じて奈良方面をうかがったが、徳川軍の松倉重政《まつくらしげまさ》、水野勝成《みずのかつなり》らの強力な軍勢が待ちかまえていることを知り、戦わずに大坂城へと退いた。

といって、退却しただけではない。四月二十八日、大野治房は塙直之《ばんなおゆき》らをはじめ、三千の軍勢をひきいて泉州《せんしゅう》堺（大阪府堺市）へ向かったのだ。

じつをいうと、豊臣方では、大野隊に紀伊（和歌山市）の浅野長晟《あさのながあきら》が紀伊の国人たちに資金をあたえ、反乱を起こすよう工作していたのである。紀州一揆《きしゅういっき》を同時に起こさせようとしたわけだ。

この一揆が和歌山城を奪い取り、その後、大野隊と示し合せ、徳川方の浅野隊を挟み撃ちにする、という計画だったのである。しかし、四月二十八日、一揆が和歌

## 大坂夏の陣

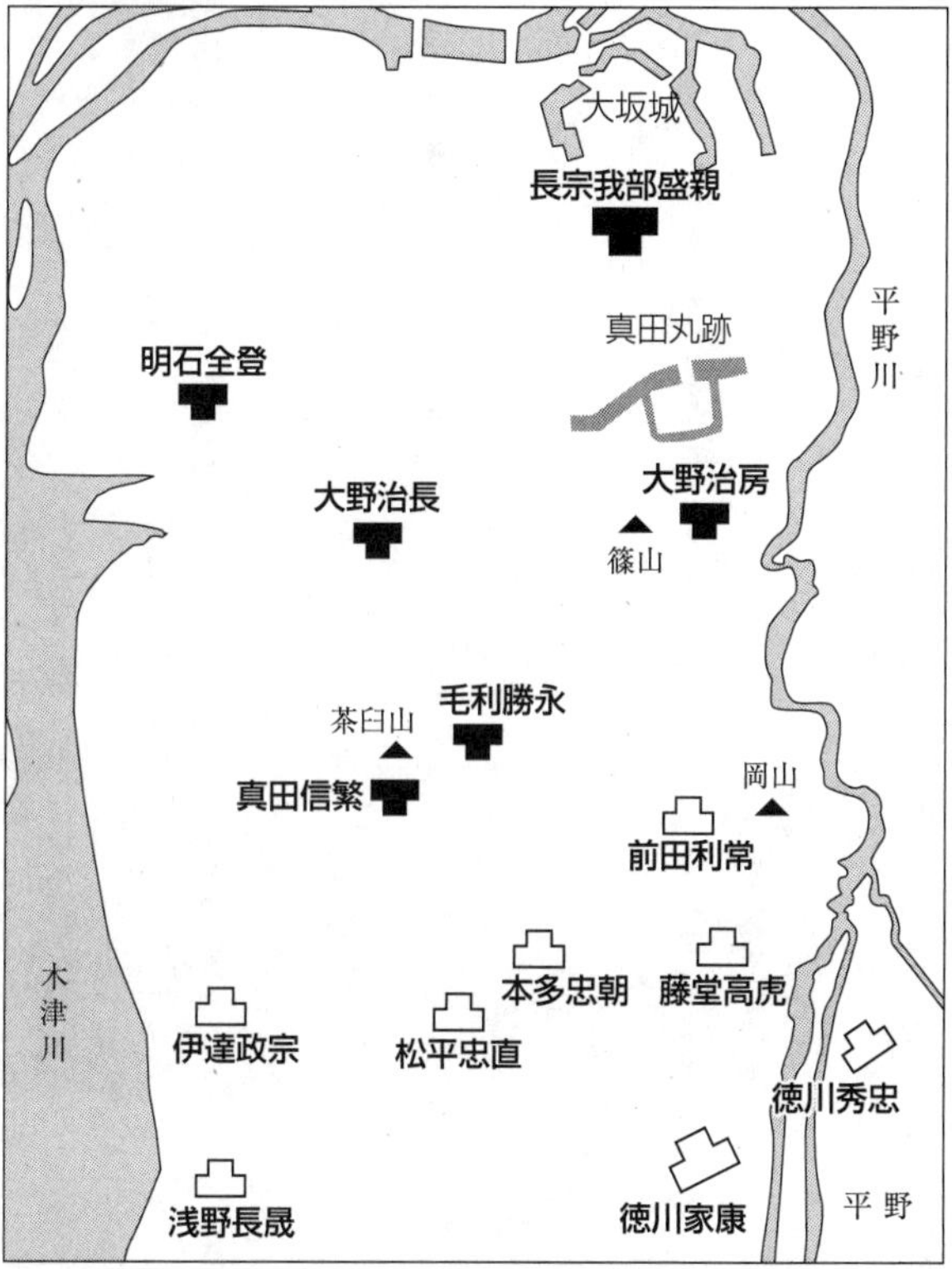


徳川軍によって真田丸を破壊され、堀を埋め立てられたあとだけに、豊臣軍は夏の陣で苦戦を強いられた。しかし、慶長20年（1615）5月7日、真田信繁は茶臼山から家康の本陣を急襲し、ふるえあがらせた。残念ながら討ち果たすことができず、天王寺口の戦いで散った。

山城を攻めようとしたところ、事前に企みが露見、一揆の中心人物が捕縛され、鎮圧されてしまった。

大野治房はそれを知らず、前述したように堺に入ったのである。

堺は徳川方の重要な拠点だし、徳川水軍の向井忠勝《むかいただかつ》が軍船を係留《けいりゅう》させていた。ところが、治房が堺に入ったとき、向井忠勝は戦火から守るため、軍船を湾外へ出そうとした。よほどあわてていたのか、軍船を座礁《ざしょう》させたのだ。大野隊はそれをめがけて銃撃すると、軍船からも反撃してくる。

大野隊は、最後には堺に火を放ち、焼き払ってしまった。紀州一揆が鎮圧されたため、挟み撃ちはできなくなったが、それを知らない大野隊は、さらに南へ進んだ。

一方、徳川軍の浅野長晟は、樫井《かしい》（大阪府泉佐野市）周辺の人びとを味方にして樫井に布陣し、敵を待ちかまえた。

豊臣方は、岡部則剛《おかべのりつな》と塙直之との軍勢が浅野隊を攻めた。しかし、則綱と直之との二人のあいだで先駆け争いがあったようだ。そのため、勝機を逸《いっ》したばかりか、敵の罠《わな》にはまったのである。

四月二十九日未明、浅野長晟の家老亀田高綱《かめだたかつな》の隊と塙直之の隊とが衝突した。しかし、亀田隊は巧みな戦法で、銃を撃ちながら少しずつ退き、塙直之らを樫井へおびき寄せた。

やがて岸和田（大阪府岸和田市）から援軍がやってきて、劣勢だった浅野隊は勢いを盛り返し、形勢を逆転させた。この戦いで直之は討死、則綱は重傷を負い、戦闘は止んだ。

当初、豊臣方の勝利ではじまったのに、やがて逆転され、ついに大敗北を喫した。

## 後藤基次、道明寺の戦いで戦死

いよいよ真田信繁の真価が問われる戦いが近づいていた。道明寺《どうみょうじ》の戦いである。

慶長二十年（一六一五）四月三十日、豊臣方は前日、樫井（大阪府泉佐野市）での緒戦で敗北し、衝撃を受けた。それをはね返すため、緊急の軍議を開き、道明寺（大阪府藤井寺市）で徳川軍を叩く、という方針を決めた。

大坂城は防御力を失っているため、籠城できない。

「徳川軍が大和から河内平野へ進軍してきたところを、道明寺で迎え撃つ」

そういったのは、後藤基次である。

徳川軍は京都に集結したあと、河内（大阪府南部）と大和（奈良県）へ向かって進軍し、道明寺あたりで合流するのではないか、と考えられた。

その合流地点をめざし、徳川軍は山間の狭隘《きょうあい》な街道を、細長い隊列で進んでくる。なにしろ、徳川は大軍だから、先鋒を叩けば混乱するのはまちがいない。これが共通の認識だった。

豊臣軍は、そうした状況を想定した。後藤基次と薄田兼相《すすきだかねすけ》が先鋒部隊として、六千五百の兵とともに発進。そのあと後続部隊として真田信繁、毛利勝永、渡辺糺《わたなべただす》が一万四千の兵をひきいてつづく計画だった。

五月五日、後藤基次、真田信繁、毛利勝永の三人が顔を合わせ、作戦を入念に吟味した。

大和と河内を結ぶ重要な地点は、国分《こくぶ》村（大阪府柏原市）であり、ここから大坂城へは五里（約二十キロ）と近い。生駒《いこま》山地から流下する大和川の谷口一帯の村で、街道は狭い。徳川軍を迎え撃つには、最適の地だった。

「本日（五日）の夜半に発進して道明寺に集結。未明には国分へ進出し、狭隘の地で徳川軍を迎撃する」

これが三人で確認したことである。

後藤基次は予定通り、五日夜半（六日午前零時）に発進した。やがて道明寺へ到着したものの、後発の真田隊などの姿が見えない。

　じつは、そのころ天候が急変し、濃霧が発生していた。先方がまったく見えない。

　そのため、真田信繁や毛利勝永らの軍勢は道を誤り、道明寺へ到着するのが遅れてしまった。

　後藤基次は、そのような信繁や勝永の事情は知らない。しかし、あまりにも遅いので気をもんでいた。やむなく、国分へ移動しようと思い、斥候《せっこう》を派遣して敵の様子をさぐらせた。

　やがて斥候が戻り、「半里（二キロ）ほど先に徳川の軍勢が展開している」と報せた。基次はすでに徳川軍は国分に到着していることにおどろいた。徳川軍の進撃が予測より早かったのである。

　後藤隊は、真田軍がくるのを待たず、徳川軍に攻撃を仕かけるため、移動した。徳川軍が先手を取って、すでに国分に進出しているということは、後藤隊には勝機がないのかもしれない。だが、基次は「座して死を待つより、積極的に攻め、死に花を咲かせたい」と思った。

「われらは牢人の身であり、虚しく朽《く》ち果《は》てるところであった。それをありがたいことに、秀頼公に召し出していただいた。諸将に先駆けて討死すること。これこそが秀頼公への、なによりの御奉公なのだ」

基次は歩きながら兵たちにそういった。命懸けで戦おうとしていたのである。

近くに小高い小松山《こまつ》があった。そこは徳川軍を攻めるにも便利なところだ。小松山に陣取ってあたりを見渡すと、戦場の様子がよく見える。徳川軍の水野勝成隊がいるのに気づくと、ほかの豊臣軍がいないのに、基次は単独で水野隊へ攻め込んだ。

当初、後藤隊は勇敢に突っ込んだため、水野隊は恐れをなした。優勢に戦いを進めたわけだが、やがて伊達政宗《だてまさむね》や松平忠輝《まつだいらただてる》らの軍勢が戦闘に加わり、状況は急速に変わった。なにしろ、徳川軍は圧倒的な多勢で反撃してくる。

とくに伊達の鉄砲隊は、激しく撃ちつづけたが、それとともに後藤隊は少しずつ後退せざるをえない。基次は態勢を立て直そうと最前線で奮戦したものの、やがて敵弾に胸を撃ち抜かれて戦死した。正午ごろのこととされるから、戦闘はすでに八時間におよんでいた。

基次を失った後藤隊は、やむなく後退し、薄田兼相らの軍勢と合流し、ふたたび戦いを挑んだ。しかし、兼相は水野勝成の配下に討ち取られてしまった。この戦いで豊臣方は、基次と兼相を失う大打撃を受けた。

## 誉田の戦いと信繁の後悔

慶長二十年（一六一五）五月六日。道明寺の戦いでは、豊臣方の実力者、後藤基次と薄田兼相の二人が死んだ。真田信繁が道明寺近くの誉田《こんだ》（大阪府羽曳野《はびきの》市誉田）に到着したのは、その直後のことだった。

信繁は三千の兵をひきいていたが、「後藤基次、戦死」と聞いて大きな衝撃を受けた。基次は、槍の名手又兵衛として知られ、かつて黒田官兵衛《くろだかんべえ》の側近として活躍した武将である。だが、官兵衛の息子、長政《ながまさ》とそりがあわず、牢人になった。

このたびの戦いでは、真田信繁とともに五人衆の一人として期待されていたのである。それだけに信繁としても、基次の戦死が残念でならない。

信繁は、濃霧の中で道を見失い、現場に到着するのが遅れた。自分のせいではないにしても、慙愧《ざんき》に堪えない。「もう少し待機していてくれれば、命を落とすことはなかったにちがいない」と、悔しさが募る。

渡辺糺も五百の軍勢ながら、敵の大軍を相手に奮闘した。しかし、多くの部下を失い、糺自身も負傷をした。

信繁は誉田に着くと、傷ついた渡辺隊を後方に下がらせ、自ら前線に立った。誉田陵（応神《おうじん》天皇陵）の周辺に軍勢を展開し、戦いに備えた。

誉田には、伊達政宗の軍勢が布陣し、豊臣家に牙《きば》を剝《む》こうとしていた。伊達隊の配下、片倉重長《かたくらしげなが》が八百騎の騎馬鉄砲隊を配備し、突撃しようとかまえている。騎馬鉄砲隊は、騎乗のまま銃撃する特殊部隊だが、そのため銃身の短い鉄砲を持っていた。

「一歩も引くではないぞ」

信繁は叱咤激励《しったげきれい》したが、その様子を見た徳川方の伊達隊の兵たちは、たいそうおどろいたという。

しかし、伊達隊もおどろいてばかりいられない。あたりが平坦な地域だったこともあって、伊達の先鋒をつとめる片倉重長は、鉄砲隊に掩護《えんご》射撃を命じ、騎馬と徒士の混成突撃部隊を前進させた。

迎え撃つ真田隊は、それぞれが手に持つ槍を横に伏せ、姿勢を低くかまえて待ち受けている。

伊達の騎馬鉄砲隊は、銃を撃ちながら迫ってくる。真田軍の兵たちは、気迫をこめた目で、敵の動きを注視していた。緊張感があるせいか、銃弾に倒れる者は少ない。

敵を十分に引きつけると、信繁は旗を振りながら大声をあげた。

「かかれっ！」

兵たちは体を起こし、槍を揃えて突き出すと、前方へ進んだ。騎馬兵は横から列をなし、突撃していく。

いかにすぐれた伊達の騎馬鉄砲隊とはいえ、槍をかまえた兵たちがこれほど接近してくると、銃撃するのはむずかしい。騎馬鉄砲隊は、真田軍の勢いに呑まれて列を乱した。むろん、真田隊にも鉄砲隊があるから盛んに銃を撃ち、槍部隊の兵たちを側面から掩護したのである。

伊達隊はこうして真田隊に押され、敗走していった。

信繁は、絶妙な采配で一時的ながら敵を押し返したのである。だからといって、一休みするわけにはいかない。

その後、毛利勝永の兵たちとともに、体勢を立て直すつもりだった。

信繁には「自分が遅参したために、死ななくてもいい後藤基次を戦死させた」という思いが残る。痛恨の極みだった。

## 若江の戦い、長宗我部の奇襲

真田信繁が誉田で、徳川軍の伊達隊と戦っているころ、長宗我部盛親《ちょうそかべもりちか》八千、木《き》村重成《むらしげなり》四千七百の軍勢が八尾《やお》（大阪府八尾市）に向かっていた。

長宗我部盛親は土佐《とさ》（高知県）の大名だったが、関ヶ原の戦いでは石田三成《いしだみつなり》ひきいる西軍に属した。しかし、西軍の敗色が濃厚になると、土佐へ逃げ帰っている。その後、御家騒動で兄の津野近忠《つのちかただ》を殺害。これが家康の逆鱗に触れ、土佐を没収されて牢人となった。

その後、「なんとか再興したい」と決意し、大坂城に入ったのである。豊臣方では大名だった盛親に期待したが、働きは十分だったとはいいがたい。

盛親にくらべると、木村重成は徳川打倒めざして奮戦している。

重成の母、右京大夫局《うきょうのだいぶのつぼね》は、秀頼の乳母《めのと》だった。そうしたつながりもあって、重成は幼いころから秀頼に小姓として仕えた。

冬の陣で和睦交渉がはじまると、秀頼から信頼されていた重成は、豊臣方の使者として活躍。重成の生年は不詳だが、当時、二十歳に満たない若さだったという。

それなのに、立居振舞が見事だと、徳川方からも称讃された。

木村重成の軍勢が八尾へ向かったのは、河内から道明寺へ向かう徳川の軍勢を八尾で迎え撃つためである。五月六日未明、重成は軍勢をひきいて出陣し、明け方近くには若江《わかえ》（大阪府東大阪市）に着いた。

ところが、徳川軍の藤堂高虎《とうどうたかとら》隊が八尾に布陣している。しかも、その藤堂隊が木村隊へ攻撃を仕かけてきたのだ。さっそく重成が迎撃すると、藤堂隊はその勢いに押されて退く。それでも激しい戦闘がつづいた。大将の藤堂良勝《よしかつ》が戦死したのをはじめ、多数の死傷者を出したほどだった。

とりあえず勝利を得たのだから、ここは引いて休む。そう考えるのが普通だが、重成は戦うことをやめようとせず、「われらの目標は、家康と秀忠の首を取ることのほかはない」と、意気に燃えていた。

やがて、徳川軍の井伊直孝《いいなおたか》が五千六百の軍勢をひきつれて戦闘に加わる。木村隊とのあいだで激しい戦闘がくり返されたが、木村隊は早朝から休みなく戦ってきただけに、疲労もたまっている。それでも重成は士気を鼓舞しようと、前線を一歩も引かず、騎馬上で槍をふるって戦いつづけ、ついに戦死した。

長宗我部盛親は、藤堂隊と戦っていたが、高瀬《たかせ》川では三百騎ほどを下馬させ、堤の上で姿勢を低くして待機するよう命じた。やがて藤堂隊が近づき、突っ込んでく

る。盛親は間髪《かんぱつ》を容れず、

「起《た》て！」

と号令をかけると、兵たちは身を起こして、敵へ向かっていった。

藤堂隊は、突如として目前に敵が現れたことにおどろき、銃撃するまもなく、つぎつぎに討たれてしまった。長宗我部隊は退却する藤堂隊をさらに追撃し、大勝利を得たのである。

ところが、その戦闘のさなか、「木村重成、討死」との報せがあった。長宗我部盛親にしてみれば、大きな衝撃である。兵たちも同じ気持ちだったのだろう。士気が下がり、長宗我部隊はしだいに藤堂隊に押され、結局は敗北した。

盛親は逃亡したものの、途中で捕縛され、六条河原《ろくじょうがわら》で斬首《ざんしゅ》となった。

## 赤備えの真田隊と兄の信之

慶長二十年（一六一五）五月七日、豊臣方が劣勢のなか、徳川方との最後の決戦を迎える。

真田信繁は、冬の陣のとき、家康が本陣を置いた茶臼山《ちゃうすやま》（大阪市天王寺区《てんのうじ》）に布陣した。徳川軍と最前線で対峙《たいじ》するかたちになったが、ここは小高くなっているから、南側と東側に押し寄せる徳川軍がよく見える。真田隊の兵たちも、徳川の大軍をにらみつけ、士気を高めていた。

真田信繁といえば「赤備《あかぞな》え」で有名だ。赤備えというのは、具足《ぐそく》や指物《さしもの》、馬具、鐙《あぶみ》など、赤色で統一した軍勢をいう。たとえば『武徳遍年集成《ぶとくへんねんしゅうせい》』には五月七日、茶臼山に布陣した真田隊について、つぎのように記している。

「茶臼山には真田が赤備え、躑躅《つつじ》の花の咲きたる如く、堂々の陣を張る」

真田隊の赤備えが見事に映えていて、躑躅の花が咲き誇っているかのようだ、と述べている。赤の陣幕をめぐらせた陣営、兵たちの具足、旗指物《はたさしもの》などを赤色にした軍勢は、花のように晴れやかに見えたのだろう。

信繁の出立ちは『幸村君伝記』によると、

「鎧《よろい》は緋威《ひおどし》、冑《かぶと》は白熊《はぐま》付鹿の抱角を打ち、馬は日来《にちらい》秘蔵せられたる河原毛《かわらげ》、鞍《くら》は木地金の六連文《むつれんもん》を置き、紅の厚総《あつぶさ》をかけり」

という様子だった。「白熊」とは、ヤク（ウシ科の哺乳類）の尾の毛で、これを赤く染め、冑などの装飾に用いた。河原毛は、薄茶色の馬のことである。「木地金の六連文」は、真田家の家紋として有名な「六連銭《むつれんせん》」（六文銭《ろくもんせん》）は、鞍の木地に金で家紋を入れていた、というのだ。

もっとも赤備えは、真田信繁の独創ではない。徳川四天王の一人、井伊直政《なおまさ》の軍勢も「赤備え」で戦場に現れ、「井伊の赤鬼」と恐れられたのは有名である。

ところで、信繁は勝手に茶臼山に布陣したわけではない。

豊臣方では大坂城の南方、天王寺口（大阪市天王寺区）あたりが主戦場になるとみて、まず真田信繁を茶臼山に配した。

毛利勝永は天王寺の南門側に陣を置く。このあたりには浅井長房《あざいながふさ》、竹田永翁《たけだながとし》、木村宗明《きむらむねあき》、江原高次《えはらたかつぎ》ら豊臣軍の諸隊が布陣。毛利隊がその中心戦力として、戦うかまえをとっていた。その後方、真田丸跡あたりに配置されたのが大野治房の本隊だった。

さらに、天王寺から外堀跡にかけて、遊軍が配置されている。遊軍は、秀頼の直臣である七手組《ななてぐみ》だが、いずれも「家康、秀忠が着陣すれば、ただちに攻め、一気に起死回生の勝利を得るのだ」と、意気軒昂だった。

大坂城の背後からうかがってくる敵には、明石全登《あかしてるずみ》（掃部《かもん》）が三百の軍勢を指揮し、船場《せんば》を守備することになった。

大坂夏の陣では、弟の信繁は大坂城に入ったが、兄の信之《のぶゆき》は上田城《うえだ》（長野県上田市）にいた。敵味方に分かれて戦うはずの兄弟だが、信之は、どうして上田城にいたのだろうか。

じつをいうと、信之は病のため床についていた。瘧《おこり》だったというが、これは間欠的に高熱を発する病である。本来なら江戸にいなければならないのだが、やむなく帰国して治療を受け、養生していた。

そんな信之のところにも、慶長十九年（一六一四）十月九日付の書状が届き、大坂への出陣が命じられた。しかし、事情がわかっていたので、つぎのような追伸があった。

「貴殿（信之）が病いのため出陣できぬのであれば、代わりに子息の信吉《のぶよし》殿に軍勢をつけて出陣させていただきたい」

信之は四十九歳である。病のため帰国していたとはいえ、なんとしても出陣したい、と思っていた。関ヶ原の戦いののち、家康は信之の助命嘆願を聞き入れ、父昌幸、弟信繁の命を助けてくれた。家康への恩義は、忘れることはできない。その恩に報いるためにも、ぜひ大坂へ出陣しなければならない。

覚悟はできているのだが、高熱に襲われ、動くことすらままならなかった。信之はやむなく、嫡男信吉、次男信政《のぶまさ》に軍勢をつけて出陣させたのである。

先の冬の陣では、真田信吉と信政の軍勢は平野川《ひらの》の東側、大坂城に向かって布陣したものの、信繁が築いた真田丸攻撃に加わることもなく、目立つような働きは見られなかった。

## 天王寺での想定外の銃撃戦

徳川軍は、冬の陣で多くの死傷者を出した藤堂高虎隊に代って、本多忠朝《ほんだただとも》が天王寺口の先鋒大将を命じられ、豊臣軍の毛利隊、真田隊とにらみ合うかたちとなった。

本多忠朝は忠勝《ただかつ》の次男として生まれ、幼少のころから家康に仕えてきた。関ヶ原の戦いでは、父の忠勝とともに出陣し、島津隊を相手に奮戦した。ところが、冬の陣では、さほどの戦功がなく、家康によくいわれなかった。そこで夏の陣では、名誉を挽回しようと闘志を燃やしていた。

天王寺口から東へ半里（約二キロ）はなれた岡山《おかやま》口には、前田利常《まえだとしつね》が陣をかまえた。加賀《かが》百万石といわれたほど広大な領国を持つだけに、冬の陣では三万人を動員。こんどの夏の陣でも、利常は二万五千の軍勢をひきいて出陣した。

当時の戦いは、夜明け前からはじまり、夕方までには大勢を決して撤退する、というのが一般的だった。

しかし、五月七日には、決戦がはじまりそうな気配が見えたのに、なかなかはじまらない。家康は、静かに天王寺方面へ移動していたが、慎重に思考をめぐらせていたのだろう。戦端を開こうとする素振りがなかった。

兵たちはじりじりしながら待機している。やがてしびれを切らす者も出てくる。徳川軍の先鋒をつとめる本多隊の一部の兵たちだが、挑発するかのように、豊臣方へ銃を撃ちはじめたのだ。

銃を撃ち込まれた豊臣軍の兵たちはびっくりし、あわてふためく。毛利勝永の兵たちが挑発に乗り、それに応じて撃ち返す。やがて双方の射撃が熱を帯び、激化していった。

「十分に敵を引きつけてから撃て！」

毛利勝永が号令をかけると、兵たちは慎重に銃を撃つようになった。だが、射撃の回数は増えていく。

はじめのうちは徳川軍の挑発に乗らぬよう制止するつもりだったのに、兵たちの銃撃戦は激しさを増していくばかりだった。こうなると、もはやたがいに制御できない。

徳川軍の本多忠朝も「撃て！」と号令をかけ、毛利隊に攻め込んでいく。

毛利隊はそれを迎撃する。あらかじめ鉄砲隊は草むらに身を隠していたのだが、本多隊の兵たちが近づいてくると、その目前に躍り出し一斉射撃をした。本多隊の兵たちは、つぎつぎに倒れていった。

毛利勝永は、諸隊の兵を動かし、さらに本多隊を追い込む。毛利隊の必死の攻撃で、本多隊は余裕を失い、混乱するなかで多くの兵が命を落とした。

大将の忠朝は奮戦し、毛利隊の奥深く攻め込んだものの、銃弾を受けて落馬した。忠朝は槍を手放さずに戦ったが、ついに力尽き、討ち取られてしまった。三十四歳の死である。

それでもまた、徳川軍の新手が出てきて、毛利隊へ突撃していく。

小笠原秀政《おがさわらひでまさ》隊だが、毛利隊のすさまじい攻撃力の前にはなすすべもなく、敗走していった。多くの兵が倒れたが、秀政とその子忠脩《ただのぶ》も討死している。

戦況は、豊臣軍にとって有利に推移しているかに見えた。

しかし、戦端は、いわば挑発に乗ったかたちで開かれた。それ以降、勝手に戦局が動き、当初の作戦はまったく無視されている。戦いはいったんはじまってしまえば、途中で修正しようと思っても不可能だ。戦場の力関係と名誉欲とによって、想定外の展開をしていく。

真田信繁も、途中の経過を見ながら、つぎのように嘆息《たんそく》したという。

「企みはすべて食いちがって、もはや打つ手はない。わが命の終わるときかもしれぬ」

たしかに当初、毛利隊の兵たちが勝手に戦いをはじめたように見えるが、大将の毛利勝永の戦いぶりによって、徳川軍の諸隊を打ち破ることができたのだ。とはいえ、全体の戦いを見ると、つぎの一手が思いつかない。

「いずれにせよ、最善を尽くして戦おうではないか」

信繁は積極的に戦い、家康の首を取るつもりだった。もし、それがかなわなければ、せめて家康の心胆を寒からしめてやりたい。これが信繁の願いだった。

## 昌幸が子の信繁に語った秘策

ところで時は少しさかのぼる。

慶長十六年（一六一一）、真田昌幸《まさゆき》は、九度山《くどやま》でなすこともなく老いつつあったときのことだ。この年六月四日、昌幸は六十五歳で病没するのだが、その少し前、信繁を枕頭《ちんとう》に呼び、「われに一つの秘計がある」といって、徳川勢との戦に勝つはかりごとを話して聞かせた。

「徳川と豊臣との決戦は、かならず三年以内に起こる。そのとき、われならば二万の軍勢をひきいて、美濃《みの》の青野ケ原《あおのがはら》（岐阜県大垣市）に出撃し、要害ではなく、平坦なところに陣を敷く。そうすれば、家康はなにか罠を仕掛けてあるのではないか、と不審に思うはずだ」

家康は、そこでどうするか。

「不審に思った家康は兵を動かすのをやめ、様子見をする。そこで四、五日の時間かせぎができる。さらに近江《おうみ》（滋賀県）まで退却して、瀬田《せた》と宇治《うじ》の橋を落とせば、十日ほどかせげる。そのあいだに真田の軍勢が家康の大軍を苦しめていると知れ渡る。心を決めかねている大名たちの多くは、豊臣方へなびくにちがいない」

そのあとは、どうするのか。

「京の二条城を焼き払って、大坂城に籠城するのだ。敵がせいて苛立ったところに、夜討ち朝駆けで敵を翻弄《ほんろう》すれば、徳川方はやがて崩れる。そこに総攻撃を仕かけるのだ」

昌幸は秘計を話し終え、信繁に念を押した。

「おまえがわが志を継ぎ、大坂城に籠ってこの策を説いたとしても、大野治長、治房の兄弟は、戦さに不慣れだから用いようとはしないだろう。兵を分散させ、名城を活用しないまま、無謀な戦いをして滅亡するのが落ちだ。よくよく見ておけ」

実際に起きた大坂の陣は、昌幸の予見した通りに展開し、不幸な結末で終わった。

## 「日本一《ひのもといち》の兵《つわもの》」戦場に散る

毛利隊が徳川軍の本多隊、さらに小笠原隊と激しく戦っているころ、徳川軍の松平忠直《ただなお》は一万三千の兵をひきつれ、茶臼山近くへ進撃してきた。

忠直は、家康の孫として生まれ、秀忠の娘勝姫《かつひめ》を正室としていた。このあたりでなんとか武功をあげたい、という気持ちが強い。忠直ひきいる越前衆《えちぜんしゅう》にも勝つという意気ごみがあった。

松平隊は冬の陣のとき、一万五千の兵をひきいて出陣。真田信繁の真田丸を攻撃したものの、多くの死傷者を出したため、家康に叱責された。夏の陣では名誉を挽回する覚悟だった。

一方、真田信繁は三千五百の兵をひきいて、茶臼山をおりた。本多隊、小笠原隊を撃破した毛利隊の活躍ぶりから、目の前に迫ってきた松平隊に突撃する好機と思ってのことだった。

信繁は当初、勝手にはじまった徳川軍の本多隊と豊臣軍の毛利隊との交戦をやめさせようとした。それというのも、明石全登隊が到着するのを待って、奇襲作戦に乗り出すつもりだったからだ。しかし、使者を出して交戦を中止させようとしたものの、銃撃はむしろ熾烈になるばかりだった。

毛利隊の軍事行動は、予定外のものだったし、奇襲作戦は失敗に終わった。先に、信繁は「もはや打つ手はない」と、嘆息したという話を紹介した。だが、信繁は、家康の首をめざして敵陣の中枢部を崩す一方、味方の攻撃によって勝利をつかむ、という作戦を考えていたのである。

徳川軍には先駆けの功名《こうみょう》に逸《はや》る武将が多く、そのために家康本陣を警固する兵は少ない。だから真田隊の先鋒が姿を現わすと、あわてふためき、混乱してしまった。旗印や陣幕もなぎ倒されたというから、真田隊がいかに肉迫していたか、よくわかる。

家康本陣を守っていた旗本たちも、まさか真田隊が、これほど接近するとは思っていなかったのだろう。旗本たちは、あわてながらも防戦につとめたが、急な襲撃だけに十分な態勢がとれなかった。

五月七日の決戦について『名将言行録』は、つぎのような逸話《いつわ》を記している。当日、大野治長は茶臼山を訪れ、真田信繁に軍略について質問した。すると、信繁はこう述べた。

「秀頼様に早く御出馬していただければ、軍の勇気も百倍でしょう。また、明石全登をひそかに間道から寄手の後にまわし、家康の本陣を不意に襲わせるのです。勝利はまちがいありません」

治長は細かい打合せをすませ、城へ帰った。

やがて徳川軍に「秀頼が出馬する。真田信繁が先鋒になって斬りかかってくる」との噂が広まった。すると、徳川軍はなにやらわからぬうちに崩れかかり、諸隊が逃げ出し、誰も追撃しないのに総崩れになった。

家康も「腹を切ろう」との様子を見せたが、近臣の大久保彦左衛門忠教《おおくぼひこざえもんただたか》らがそれをとめた。のちになっても、忠教は「この大崩れのとき、すんでのことにお腹を召されようとされたのを、たびたび諌《いさ》め申した。ついには天下の御主となられた」といっていたようだ。

また、ある夜話のとき、一同が「すぐれた御軍略ゆえ、たちまち御運が開けましい、家康はこう話したとのことである。

「真田がきびしく突きかかってきたので、旗、馬印を隠して見えないようにしておいた。だが、本陣の場所をよく知っていて、たびたびつけまわしてきた。七日の四ツ時（午前十時）ころには、負けたと弱音をはくと、伝長老《でんちょうろう》（金地院崇伝《こんちいんすうでん》）が、合戦はお勝ちでございます。攻め方がとんとよくなってまいりましたといって、一人いきりたって気勢をあげていた」

真田隊は一気に茶臼山をおりると、松平隊の迎撃をかわし、家康の本陣をめざした。本陣には旗本《はたもと》が守っていたが、真田隊はこれを打ち破る。

信繁は「あと一歩」というところまで迫ったものの、さらに多くの旗本が救援に駆けつけ、信繁の前をふさいだ。好機は二度と訪れない。信繁はじりじりと後退を余儀なくされ、茶臼山に戻って休息をとっているとき、徳川軍の西尾久作《にしおきゅうさく》（仁左衛門《にざえもん》）の手にかかって討ち取られた。

信繁のそばには、九度山以来したがってきた高梨内記《たかなしないき》、青柳清庵《あおやぎせいあん》、それに真田勘解由《かげゆ》の三人がいるだけだった。しかし、いずれも深手《ふかで》を負っていたし、すでに戦う力を失っていた。最後まで家康を苦しめながら四十九歳の生涯を終えた。

## 大坂城、炎上

秀頼は、大野治長が負傷したことを知ったほか、大坂城周辺で戦う豊臣家が敗北している、との衝撃的な報《しら》せを受けた。秀頼は、じっとしていられない。「出馬して徳川軍と一戦を交え、討死すべきではないか」と思ったが、家臣の速水守久《はやみもりひさ》は、それを押し止め、つぎのように諭《さと》した。

「いまは、本丸《ほんまる》を守るべきです。それで力が尽きたなら、それから自害しても遅くはありません」

たしかにその通りだが、軍勢を統率する武将がいないし、城中は混乱するばかりだった。

信繁が討死した五月七日の夕方、内応者が城中に放った火が燃え広がった。あちこちで火の手があがったが、それを消そうとする者もいない。ただ逃げ惑っていた。

翌五月八日、もはや打つべき手はないし、秀頼も腹を決めざるをえない。母の淀殿とともに天守の下にある食料庫に入ると、従者に火をつけさせ、炎のなかで自刃《じじん》して果てた。秀頼二十三歳、淀殿は四十七歳である。ほかに大野治長、速水守久、大蔵卿局ら多くの側近が殉死《じゅんし》した。豊臣家の安泰を願うなら、淀殿は家康に臣従《しんじゅう》すればよかったのである。しかし、淀殿には誇りがあった。いまさら徳川の風下に立って、秀吉の権威を損なうことなど、秀頼の生母としてできなかったのだ。

夏の陣が終わってまもなく書かれた薩摩《さつま》藩島津《しまづ》家の家臣の記録『後編薩藩旧記雑録』には、つぎのようにある。

「五月七日に御所様（家康）の御陣へ、真田左衛門佐《ざえもん》（信繁）かかり候て、御陣衆追ちらし、討捕り申し候。御陣衆三里ほどづつに逃げ候衆は、皆々いきのこられ候。三度目に真田も討死にて候」

さらに同書に「真田日本一《ひのもといち》の兵《つわもの》、いにしへよりの物語にもこれなき由《よし》」と称えている。

『翁草《おきなぐさ》』は、このように賛美している。

「そもそも信州以来、徳川に敵すること数回、一度も不覚の名を得ず、徳川の毒虫なりと世間に沙汰《さた》せり、当世の真田を非ずして誰ぞ、絶類離倫《ぜつるいりりん》、一世の人物、今にいたりて女も童もその名を聞きて、その美を知る」

家康を追い詰めながらも、討ちもらした信繁だが、「日本一の兵」と最大級のほめことばで称賛され、本望《ほんもう》だったにちがいない。死後四百年のいまも「劣勢をものともせず、強大な的に挑んだ猛将」と人気も高い。

# 真田信繁 年表

| | |
|---|---|
| 永禄10年（1567） | 信繁が誕生。幼名は弁丸。後世、講談本などでは「幸村」の名で親しまれた。 |
| 天正10年（1587） | 4月、父の昌幸が織田信長に臣従する。7月、昌幸、北条氏直に臣従する。9月、昌幸、徳川家康に臣従する。 |
| 天正11年（1583） | 上田城の築城開始。 |
| 天正13年（1585） | 真田家が上杉景勝に臣従。信繁が上杉家の人質となる。閏8月、神川合戦（第一次上田合戦）はじまる。昌幸と信之が上田城に立て籠もり、徳川軍を撃退。 |
| 天正14年（1586） | 真田家が豊臣秀吉に臣従。独立した大名となり、徳川家康の指揮下に入る。信繁は秀吉の人質とされ、大坂城に赴く。 |
| 天正17年（1589） | 兄の信之が家康に出仕。本多忠勝の娘で家康の養女小松姫と結婚。 |
| 天正18年（1590） | 信繁は父昌幸、兄信之とともに北条討伐に参加。信繁の初陣。（小田原の戦い） |
| 文禄元年（1592） | 真田親子（昌幸、信之、信繁）は秀吉の朝鮮出兵にしたがって肥前名護屋に在陣。 |
| 文禄3年（1594） | 信繁は従五位下左衛門佐に叙任。秀吉から豊臣姓を与えられ、大谷吉継の娘（竹林院）と結婚。 |
| 慶長3年（1598） | 豊臣秀吉、死去。 |
| 慶長5年（1600） | 真田親子（昌幸、信之、信繁）は、家康の上杉討伐に加わり、東下したが、途中で石田三成の家康討伐の動きを知る。7月、犬伏の密議により、昌幸と信繁は豊臣方に、信之は徳川方につくことを決め、信繁は父とともに上田城へ帰還する。 |

| | |
|---|---|
| | 9月、昌幸と信繁は、上田城で徳川秀忠の軍を迎撃する。（第二次上田合戦）<br>美濃関ヶ原で東軍と西軍が激突。家康の東軍が勝利する。（関ヶ原の戦い）<br>昌幸と信繁は信之の働きで死罪を免れた。12月、高野山へ配流となり、山麓の九度山に蟄居。信之は九万五千石の大名となる。 |
| 慶長8年（1603） | 2月、徳川家康、征夷大将軍に就任、江戸幕府を開く。 |
| 慶長10年（1605） | 徳川秀忠、二代将軍に就任。 |
| 慶長16年（1611） | 昌幸、九度山で死去。 |
| 慶長19年（1614） | 7月、方広寺鐘銘事件起こる。<br>10月、信繁、大坂から招かれて九度山を脱出、大坂城に入る。大坂城では真田丸を構築。<br>11月、大坂冬の陣がはじまると、真田丸を拠点に戦い、徳川軍に大打撃を与えた。<br>兄信之は、江戸城で留守居役をつとめていた。<br>12月に徳川と豊臣の講和が成立。大坂城の堀が埋められた。 |
| 慶長20年（1615） | 4月、大坂夏の陣がはじまる。籠城ができず、信繁をはじめ、ほとんどの将兵が城外へ出撃し徳川軍と戦った。しかし、道明寺の戦いで後藤基次（又兵衛）が討死。しかし、誉田の戦いでは、信繁が伊達政宗の軍勢と奮闘した。<br>その後、天王寺の戦いでは家康の本陣に肉薄。家康は逃げ惑い、切腹を覚悟した。だが、信繁の力がおよばず、家康を討ち果たせなかったばかりか、自ら討死した。（享年49）<br>大坂城が落城。秀頼は自害したが、信繁の子大助も殉死する。 |

## 主な参考文献（順不同）

『真田一族』小林計一郎、『真田幸村のすべて』小林計一郎編、『真田昌幸のすべて』小林計一郎編、『戦国大名系譜人名事典』（以上、新人物往来社）／『大坂の陣』二木謙一、『関ヶ原合戦』二木謙一、『江戸開府』辻達也（以上、中央公論社）／『関ヶ原合戦と大坂の陣』笠谷和比古、『大坂の陣と豊臣秀頼』曾根勇二（以上、吉川弘文館）／『大坂城』岡本良一（岩波書店）／『徳川家康』二木謙一、『大坂冬の陣』岡本良一（以上、筑摩書房）／『真田三代―幸綱・昌幸・信繁の史実に迫る』平山優、『真田幸村―伝説になった英雄の実像』山村竜也（ＰＨＰ研究所）／『真田信繁』三池純正（宮帯出版社）／『豊臣大坂城』笠谷和比古・黒田慶一（新潮社）／『牢人たちの戦国時代』渡邊大門（平凡社）／『名将言行録・現代語訳』岡谷繁実、『クロニック戦国史』（以上、講談社）

青春文庫

# 真田丸《さなだまる》の顚末《てんまつ》 信繁《のぶしげ》の武士道《ぶしどう》

2015年11月20日　第1刷

著　者　中《なか》 江《え》 克《かつ》 己《み》

発行者　小澤源太郎

責任編集　株式会社プライム涌光

発行所　株式会社青春出版社

〒162-0056　東京都新宿区若松町 12-1
電話 03-3203-2850（編集部）
03-3207-1916（営業部）　印刷／中央精版印刷
振替番号　00190-7-98602　製本／フォーネット社
ISBN 978-4-413-09632-4
©Katsumi Nakae 2015 Printed in Japan
万一、落丁、乱丁がありました節は、お取りかえします。

本書の内容の一部あるいは全部を無断で複写（コピー）することは
著作権法上認められている場合を除き、禁じられています。

ほんとうのあなたに出逢う ◆ 青春文庫

カーネギー、松下幸之助、ウォルト・ディズニー……

## 奇跡をつかんだ失敗の顛末

失意のどん底で彼らは何を考え、どう過ごし、いかに復活を遂げたのか。ドラマの裏側に迫る！

ライフ・リサーチ・プロジェクト［編］

(SE-628)

持つ・収める・手放すルール

## 大切なモノだけと暮らしなさい

処分するかどうか悩んだら、「いま、大切にできているか？」と考えてみましょう。片づけのプロが教える、心地よい生活

吉島智美

(SE-629)

## その英語、ネイティブには失礼です

上から目線、皮肉屋、キレてると思われる…「誤解される英語」を、効果バツグンの英語とセットで紹介。

デイビッド・セイン

(SE-630)

## 今夜、肌のためにすべきこと

素肌がよみがえるシンプル・スキンケア

今夜、帰宅して、あなたは肌のためにどんなケアをしますか？　皮膚科医が明日のキレイをつくる方法をとことん伝授

吉木伸子

(SE-631)